デジタル遺産の法律実務 Q&A

弁護士 北川 祥一 著

日本加除出版株式会社

は し が き

　アメリカのIT大手企業作成の統計と予測によれば，全世界のIPトラフィック[1] について，2016年には96エクサバイト[2]／月であったものが，2021年には，278エクサバイト／月に達すると予測されています。文明が誕生してから2003年までに人類が生み出したデータの累計は5エクサバイト程度であるともいわれていますので，[3] 現在では非常に膨大なデータが日々生成されるようになっていることが分かります。

　国内のブロードバンド契約者の総ダウンロードトラフィックに目を向ければ，2004年11月には255Gbps（ギガバイト/秒）に過ぎませんでしたが，2018年11月には約11Tbps（テラバイト/秒）（推定値）に到達し，非常に急速なペースでのトラフィックの増加が発生しています。[4]

　このような統計と予測から読み取れるデータトラフィックの増大は，個人のデータ保有量の飛躍的な増加をも意味するものと考えられます。

　そして，上記のようなデータトラフィックの爆発的な増加，個人のデータ保有量の飛躍的・急激な変化は，これまで不動産，預金，財物等の取扱いが確立された相続財産を中心に考えていれば足りた相続の場面に劇的な変化をもたらし得る，あるいは既に大きな変化をもたらし始めています。

　これまでは存在しなかった種類のデジタルデータである暗号資産（仮想通貨）についての相続の場面での探知等の問題や，インターネット上のアカウント及びアカウント内のデータの相続の可否の問題の発生などを変化の一例として挙げることができるでしょう。国外の事例にはなりますが，著名なSNSのアカウントの相続の可否等に関連した裁判事例も発生しています。

　このように個人のデジタルデータ保有量の増大とともに，次第に相続

の場面においても，デジタルデータの相続という視点が意識され，関連する問題の発生が広がっているところです。

　しかしながら，現状のところ，デジタルデータに対する権利や暗号資産（仮想通貨）等の全く新しいデータに対する権利などについて網羅的かつ明確な法的枠組みがあるとは言えず，「デジタル遺産」の取扱いについては激動の過渡期にあるといってよいかもしれません。

　無体物であるデジタルデータについては有体物を客体とした民法上の所有権が観念できないと考えられる点や，ブロックチェーンを根幹技術とするビットコイン等の暗号資産（仮想通貨）についてもデジタルデータである以上所有権の客体とはならないと考えられることに加え，特定の運営者・発行者がいない分散型のシステムとして権利を請求する特定の相手方を観念することができない暗号資産（仮想通貨）の権利の法的性質は債権と考えることも難しい等の点は，デジタルデータの遺産に関する現行法上の枠組み内での検討をより難しいものとしています。

　そのような状況の中でも，実務においては一定の結論やそれに基づく処理が求められることになります。

　「デジタル遺産」に関する取扱いやデータに対する権利については，今後立法によるルール設定も必要なところと思われますが，実務においてはまさに今直ちに各問題への解決が求められるところであり，本書は，そのような立法による解決に先立ち，明日起こるかもしれない「デジタル遺産」に関する法的問題について，現行法の枠組みの中で一定の解決を目指す際の一助となれば幸いに思います。

2020年1月

弁護士　北川　祥一

1）固定インターネット（インターネットバックボーンを通過するすべてのIPトラフィック），移動体インターネット（モバイルデータ，及び，携帯端末・ノートPCカード・モバイルブロードバンドゲートウェイからのインターネットトラフィック）及びマネージドIP（企業のIP-WANトラフィック，テレビ・VoDのトラフィック）におけるトラフィックの総量とされます（「インターネットトラヒックの現状」株式会社三菱総合研究所　社会ICTイノベーション本部　ICT・メディア戦略グループ2018年2月20日https://www.soumu.go.jp/main_content/000534007.pdf，データ原典出所）Cisco White Paper "Cisco Visual Networking Index: Forecast and Methodology, 2016-2021"）。

2）エクサバイトはデータ量を表す単位ですが，現状一般的にも馴染みのあるギガバイトから数えるとテラバイト，ペタバイト，エクサバイトの順に3つ上の単位となります。1エクサバイトをギガバイトで表せば，約10億ギガバイトということになり，データトラフィック量がいかに巨大化しているかが理解されます。

3）経済産業省商務情報政策局情報経済課・佐脇紀代志「IT・データ利活用による新産業創出に向けた我が国の取組み」（平成25年11月8日）3頁より。http://www.bzcast.net/bzcast/userhome/upload/upload20131116182241001.PDF

4）「我が国のインターネットにおけるトラヒックの集計結果（2018年11月分）2019年3月5日　総務省総合通信基盤局電気通信事業部データ通信課」https://www.soumu.go.jp/main_content/000604136.pdf

凡　例

　文中に掲げる法令・裁判例等については，次のとおり略記しました。

〔法　令〕

改正民法　　平成29年法律第44号による改正後の民法

資金決済法　資金決済に関する法律

〔裁判例〕

東京高判平成21年12月21日判時2073号32頁

　　←東京高等裁判所平成21年12月21日判決　判例時報2073号32頁

民集　最高裁判所民事判例集

家月　家庭裁判月報

判時　判例時報

判タ　判例タイムズ

金法　金融法務事情

〔その他〕

　文中で参照したURLは，執筆当時のものです。

目　次

第2章　本人（保有者）からの相談

行えばよいでしょうか？

　また，遺言作成について弁護士等の専門家の先生にお願いする場合に，デジタル遺産に関する助言をもらえたりするのでしょうか？

　私は自分（私有）のパソコン内に死後の財産の分配に関するメモを作成しました。この分配方法で財産を相続させることはできるのでしょうか？

　パソコンやスマートフォンなどデジタル機器を利用し，データとして死後の財産の分配などを記載する形での遺言は可能なのでしょうか？

　ビットコイン等の暗号資産を保有しています。

　ビットコイン等の暗号資産は，相続対象となりますか？

　相続人に適切に相続させるには，どのような準備をしておけばよいでしょうか？

　私は人気のあるWEBサイトを製作・更新・運営しています。

　このようなWEBサイトも相続の対象となるのでしょうか？

　相続人にスムーズにWEBサイトを相続させるためには，事前にどのような準備をすればよいでしょうか？

　私は人気のあるブログを製作・更新・運営しています。

　相続人にブログのアカウントを相続させることはできるでしょうか？

　私は個人ユーザーですが，あるコンテンツサービスについて情報の開示等の交渉を行いましたが，サービス提供企業がこれに応じません。

　そこで訴訟による解決も検討したいところ，当該サービス提供企業は外国法人であるのですが，日本の裁判所に訴訟を提起することは可能でしょうか？

第3章　相続人等からの相談

　相続が発生しましたが，被相続人（故人）のパソコン，スマートフォンにパスワードが設定されロックされています。
　ロックを解除する等して内部を調査することはできないでしょうか？

　パスワードのロック解除を何度か試みたところ失敗し，データが消去されたと表示されました。
　データを復旧することは可能でしょうか？

　パソコンやスマートフォンなどのデジタル機器内部のデータの復旧やパスワードロックを解除するサービスがあるようですが，これらの専門企業に，被相続人（故人）のデジタル機器内のデータ復旧やパスワードロック解除を依頼することは，問題ないでしょうか？

　重要と思われる契約書等のファイル自体にパスワードが設定されています。
　パスワードを解除することは可能ですか？

　クラウドストレージサービス上に存在する被相続人（故人）のデータ（写真画像，原稿，楽曲等の著作物など）は，相続人がこれを相続することは可能でしょうか？

　近時エンディングノートを作成する人も増えているようです。エンディングノートに相続発生時の要望の記載がされている箇所がありました。これは有効な遺言になるのでしょうか？
　また，私は相続人の1人で，エンディングノートの内容の実行を事実上被相続人（故人）に生前頼まれていたのですが，エンディングノートに従って，デジタル機器を他の相続人の同意なく処分することに問題はないのでしょうか？

第4章　コンテンツサービス提供企業からの相談

第**1**章

総　論

「デジタル遺産」とは

「デジタル遺産」とは何ですか？
どのようなものがありますか？

Answer

　「デジタル遺産」について法的な定義はありませんが，一般的には，故人のデジタル機器に保存されたデジタルデータ（オフラインのデジタルデータ）及びオンラインのデジタルデータやアカウントがこれに含まれ，それら残された故人のデジタルデータのことをいうものと考えられます。

　オフラインのデジタル遺産には，パソコン，スマートフォン，タブレット，デジタルカメラ，デジタルムービー，USBメモリ等々あらゆるデジタル機器内のデジタルデータ（本書で中心的に検討する対象は，有体物であるデジタル機器ではなく，当該デジタル機器内のデータになります。）が想定されます。

　オンラインのデジタル遺産としては，SNSアカウント，暗号資産（仮想通貨），Eメールアカウント，クラウドサービスアカウント，WEBサイト，アフィリエイトアカウント及び当該アカウントに蓄積されたデータ等々，挙げれば切りがなく，サービスの数だけデジタル遺産としてのデータが存在するところでしょう。また，今後，これまでに想像していなかった種類のデータが発生し，それが新たなデジタル遺産となる可能性もあります。

（解　説）

1　「デジタル遺産」とは

　近時，「デジタル遺産」あるいは「デジタル遺品」という言葉を聞く
機会が多くなりました。デジタル遺産について法的な定義はありません
が，一般的には，故人のデジタル機器に保存されたデジタルデータ（オ
フラインのデジタルデータ）及びオンラインのデジタルデータやアカウ
ントがこれに含まれ，それら残された故人のデジタルデータのことをい
うものと考えられます。時にそれらデジタルデータが記録された（有体
物たる）デジタル機器を含めて「デジタル遺産」という用語が使用され
る場合もあるかもしれませんが（広義の意味でのデジタル遺産ともいえる
でしょうか。），有体物であるデジタル機器自体については動産として通
常の相続法の観点からの処理と同様になると考えられますので，新しい
範囲での法的検討を主体とした本書においては「デジタル遺産」につい
て，残された故人のデジタルデータやデータとしてのアカウントを指す
意義にて使用することとします。

　現在の社会においては，パソコンは無論のこと，スマートフォンの急
速な普及もあり，デジタル遺産を保有していない個人は存在しないと
いっても過言ではないところとなりました。

　このデジタル遺産について法的な検討を行うに当たって，整理・分類
の仕方としては，オンラインのデジタル遺産とオフラインのデジタル遺
産という整理・分類の視点が一つ考えられます。

　理由としては，オフラインのデジタル遺産については，そのデジタル
データは媒体であるデジタル機器（有体物）と一体となっていることが
想定される一方，オンラインのデジタル遺産については，（データが記
録されているサーバ等自体は被相続人の所有ではなく）アカウントを含め
たデータそのもののみが被相続人の財産であり，当該データ自体に対す

る権利の性質の検討やそれを前提としたデジタルデータ開示請求の可否の検討等が必要となり，その意味で検討の対象や前提が異なる部分[1]が少なくないと考えられるためとなります。

　無論，オンライン上のアカウントに関連したデータがデジタル機器へ保存され，当該データの利用についてアカウントの契約関係の影響を受けることなど，オンライン・オフラインの境界が曖昧な部分もあり，当該整理・分類の視点は絶対的なものではなく，単純に「デジタル遺産」なるものの全体像を把握するため，整理・検討のための便宜として考えていただければと思います。

　「デジタル遺産」の具体的な類型・内容は，今後新たなサービス，ソフトウェア，アプリケーション等の登場により，無限に広がっていく世界であるといえるでしょう。

2 オフラインのデジタル遺産

　オフラインのデジタル遺産には，パソコン，スマートフォン，タブレット，デジタルカメラ，デジタルムービー，USBメモリ等々あらゆるデジタル機器内のデジタルデータが想定されます。

　前述のとおり，そのデジタルデータは有体物であるデジタル機器と一体となっており，これまで相続の場面においては，主に有体物たるデジタル機器の所有権について検討され，内部データ自体についてはあまり独立して意識がされていなかったのではないかと思われます。

　デジタル機器内のデジタルデータについて独立した権利の客体となる

1）その他，例えば，オフラインのデジタル遺産の調査と異なり，オンラインのデジタル遺産である故人のアカウント等の調査については，単独の相続人しかいない場合であってもそのアクセスには法的な検討課題が存在するなどが異なる点として考えられます。

可能性（著作権，その他知的財産権等）や，クラウドサービスと一体化しているもの，あるいはダウンロードタイプの電子書籍等の利用契約の内容も確認すべきデータなどの検討も必要となります。

　また，明確な法律上の権利といえないデータについて，契約関係やデータが保存されているデジタル機器の相続等とあいまった事実上の地位の承継といった観点についても検討してよいと考えられます。

３　オンラインのデジタル遺産

　オンラインのデジタル遺産としては，SNSアカウント，暗号資産（仮想通貨），Eメールアカウント，クラウドサービスアカウント（クラウドサービスの詳細についてはQ29を参照），WEBサイト，アフィリエイトアカウント及び当該アカウントに蓄積されたデータ等々，挙げれば切りがなく，サービスの数だけデジタル遺産としてのデータが存在するといえます。また，今後，これまでに想像していなかった種類のデータが発生し，それが新たなデジタル遺産となる可能性もあります。

　オフラインのデジタル遺産同様，データに対する権利の法的性質に加えて，アカウントの相続の可否，データの開示・引渡請求の可否等が問題となり，詳細な検討が必要となります。

　アカウントの相続の可否に関連して，利用規約の位置づけ，利用規約の解釈，契約自由の原則に対する修正の可能性等が検討の対象となります。

　また，民法上の「物」について有形性を要件とする見解からは，無体物たるデータについては民法上の所有権等に基づく引渡請求が観念できないことから，法的紛争等の場面における証拠収集の一環として，何らかの権利に基づくデータの開示請求が可能ではないかなども検討の対象となるところです。

【デジタル遺産のイメージ】

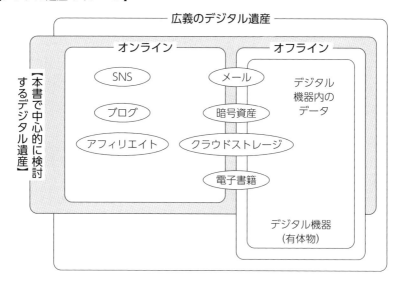

「デジタル遺産」と法律

「デジタル遺産」に関して，何か法律はあるのでしょうか？
その性質からどのような点が問題となるのでしょうか？

Answer

　Q1のとおり本書で検討するデジタル遺産はオフライン及びオンラインのデジタルデータ（アカウントを含む。）としているところ，例えば，暗号資産（仮想通貨）について「資金決済に関する法律」において定義規定があることもありますが（暗号資産についてはQ16参照），デジタルデータの相続について明示的かつ統一的に定める法律は見当たらないのが現状です。

　したがって，デジタル遺産の相続を検討するに当たっては，現行法上の枠組みの中で，契約に組み入れられた規約の内容及び解釈，データに対する権利としての知的財産権等の観点から個別に検討をする必要があります。

　また，民法上の所有権の客体となる「物」について，これを空間の一部を占める有形的存在である有体物と解する見解からは，デジタルデータは無体物であることから，これについて「物」を客体とした民法上の所有権が観念できないという点は，デジタル遺産に関する相続の検討をより難しいものとしているといえるでしょう。民法上の所有権の客体と解し得ず，知的財産権等の対象ともなり得ないデータに対する法的権利に空白が生じている状態ともいえるかもしれません。

　暗号資産のように，これまでは存在しなかった種類のデータやインターネット上のサービスのアカウントに関するこれまで存在

しなかった問題が発生するなど，現行法の枠組みによる解釈や権利救済には限界があり，立法による解決も望まれます。

解　説

Q1のとおり本書で検討するデジタル遺産はオフライン及びオンラインのデジタルデータ（アカウントを含む。）としているところ，例えば，暗号資産について「資金決済に関する法律」において定義規定があることもありますが（暗号資産についてはQ16参照），デジタルデータの相続について明示的かつ統一的に定める法律は見当たらないのが現状です。

したがって，デジタル遺産の相続を検討するに当たっては，必ずしもデジタルデータを想定していない現行法上の枠組みの中で，契約に組み入れられた規約[1]の内容及び解釈，データに対する権利としての知的財産権等の観点から個別に検討をする必要があります。

また，民法上の所有権の客体となる「物」について，これを空間の一部を占める有形的存在である有体物と解する見解からは，デジタルデータは無体物であることから，これについて「物」を客体とした民法上の所有権が観念できないという点は（詳細はQ3参照），デジタル遺産に関

---

1) 不特定多数のユーザーを相手方として画一的に取引条件を示す文書としては，例えば，保険取引等については「約款」という用語が使用されていたりしますが，本書で中心的に取り扱うインターネットサービスの利用時の条件を定める文書としては，利用規約・○○規約の名称が使用されているケースが多く見受けられるため，本書ではこれら画一的に取引条件を示した文書について，利用条件，利用契約等その他の名称の文書を含めた意味で「規約」という用語を使用することとします。
　なお，間もなく施行が予定されている改正民法においては，このように画一的に取引条件を示す文書に関して，「ある特定の者が不特定多数の者を相手方として行う取引であって，その内容の全部又は一部が画一的であることがその双方にとって合理的なもの」を「定型取引」と定義し，「定型取引」において契約の内容とすることを目的としてその特定の者により準備された条項の総体を「定型約款」というと定義しています（改正民法548条の2第1項）。一般的には，インターネットサイトの利用規約は改正民法の想定する定型約款に該当すると思われます（詳細についてQ45参照）。

する相続の検討をより難しいものとしているといえるでしょう。データの開示要求とそれを根拠づける法的権利・構成の難しさもその一つといえます。

　民法上の所有権の客体と解し得ず，知的財産権等の対象ともなり得ないデータに対する法的権利に空白が生じている状態ともいえるかもしれません。

　データがデータ自体として存在し（厳密にはいずれかの所有に係るサーバ等の記憶装置に存在するものの，データの作成者と記憶装置の所有者が一致しない状況で，データの作成者が何らかの権利の対象とできるとすれば当該データのみである状況とでもいうべきでしょうか。），また，データに今までは想像もつかなかったほどの巨大な財産的価値が発生するようになった現在において，そのような空白状態が生じていることは望ましいとはいえないと考えられます。暗号資産のように，これまでは存在しなかった種類のデータやインターネット上のサービスのアカウントに関するこれまで存在しなかった問題が発生するなど，現行法の枠組みによる解釈や権利救済には限界があり，立法による解決も望まれます。

デジタルデータに対する法的権利

デジタルデータに対する法的権利としては，どのような権利が考えられるでしょうか？

Answer

　民法上の所有権の客体となる「物」について，これを空間の一部を占める有形的存在である有体物と解する見解からは，デジタルデータは無体物であることから，これについて「物」を客体とした民法上の所有権等を観念することができないと解されます。

　各要件を満たす限りにおいて著作権としての権利や，不正競争防止法の営業秘密に該当するデータについての法的保護が想定されます。

　また，実際には，著作権等の知的財産権の対象となるデジタルデータ以外のデータも存在すると考えられ，これらのデジタルデータについては，法律上明確な権利といえないとしても，例えば，当該デジタルデータを存置・保管するためのプロバイダ等との契約関係の相続や，それが記録されたデジタル機器の相続等と併せて，事実上これを包括的に承継するとも考え得るところでしょう。

解　説

　相続においては被相続人の有していた各権利を相続することになります。例えば，「不動産を相続する」とは，法的には「不動産の所有権を相続する」という意義となります。

　したがって，デジタルデータに対する法的権利を明らかにすることは，

相続においてデジタル遺産のどのような権利を承継するかを明らかにするという意味があります。

　ここで，民法上の所有権の客体となる「物」について，これを空間の一部を占める有形的存在である有体物と解する見解からは[1]，デジタルデータは無体物であることから，これについて「物」を客体とした民法上の所有権等を観念することができないと解されています。なお，インターネット上等ではデータの「所有」といった用語の使用もみられますが，このような意味から本書では混同を避ける意味で，「所有」という用語ではなく，「保有」の用語を使用したいと思います。

　デジタルデータに所有権が想定できないとして，次に，無体物に対する権利としては知的財産権，特にカバー範囲の広さからは著作権が検討されます。

　著作権については，「思想又は感情を創作的に表現したものであって，文芸，学術，美術又は音楽の範囲に属するもの」（著作権法2条1項1号）として著作物に該当する場合には，著作権の対象としてデジタルデータに対する権利を想定することができます。文章データ，写真データ，イラストデータ，音楽データ等に対する著作権が想定されるところであり，相続の場面においては，このデジタルデータに対する著作権を相続する

1）なお，暗号資産（ビットコイン）に関して所有権に基づく返還請求が問題となった平成27年8月5日東京地裁判決においては，「所有権は，法令の制限内において，自由にその所有物の使用，収益及び処分をする権利であるところ（民法206条），その客体である所有『物』は，民法85条において『有体物』であると定義されている。有体物とは，液体，気体及び固体といった空間の一部を占めるものを意味し，債権や著作権などの権利や自然力（電気，熱，光）のような無体物に対する概念であるから，民法は原則として，所有権を含む物権の客体（対象）を有体物に限定しているものである（なお，権利を対象とする権利質〔民法362条〕等民法には物権の客体を有体物とする原則に対する明文の例外規定があり，著作権や特許権等特別法により排他的効力を有する権利が認められているが，これらにより民法の上記原則が変容しているとは解されない。）」とされています。
　他に学説上は，「『有体物』を『法律上の排他的支配の可能性』という意義に解し，物の観念を拡張すべき」とする見解（我妻栄『新訂　民法総則（民法講義Ⅰ）』（岩波書店，1965年）202頁参照）等があります。

ということになるでしょう。

　もっとも，所有権に基づく返還請求権のように，（**Q37**において検討するとおり）著作権という権利から文章データ等のデジタルデータの返還・引渡請求権を導き出すことは難しいと考えられるなど，権利としての一定の限界が存在します。

　また，対象のデジタルデータが，ノウハウや顧客情報等であり，秘密管理性（秘密として管理されている），有用性（事業活動に有用な技術上又は営業上の情報），非公知性（公然と知られていない）の要件[2]を満たす場合には，不正競争防止法上の営業秘密として，法的保護の対象になり得ます。もっとも，不正競争防止法による法的保護は，営業秘密に該当するデータに関する不正行為（又はそのおそれ）に対し，差止請求，損害賠償請求，信用回復措置請求等[3]が可能となるものであり，著作権等の権利とは質を異にするものとは考えられます。

　その他，実際には，著作権等の知的財産権の対象となるデジタルデータ以外のデータも存在すると考えられます。これらのデジタルデータについては，法律上明確な権利といえないとしても，[4]例えば，当該デジタルデータを存置・保管するためのプロバイダ等との契約関係の相続（レンタルサーバ業者やプロバイダとの間の契約の相続の可否については**Q17**の解説3を参照）や，それが記録されたデジタル機器の相続等と併せて，事実上これを包括的に承継するとも考え得るところではないでしょうか。このような状態については，「データに適法にアクセスし，その利用をコントロールできる事実上の地位」（データ・オーナーシップ）[5]と称する

2）不正競争防止法2条6項。
3）不正競争防止法3条，4条，14条。
4）なお，デジタルデータたる暗号資産について，その私法上の法的性質に関してこれを物権又はこれに準ずるものとする見解等においては（詳細は**Q16**参照），その権利を承継するという結論になるとは思われます。
5）経済産業省「AI・データの利用に関する契約ガイドライン」（平成30年6月）
　https://www.meti.go.jp/press/2018/06/20180615001/20180615001-1.pdf

こともできるかもしれません。

これまでの遺言・遺産分割における「デジタル遺産」の取扱い

デジタル遺産は，これまでの遺言や遺産分割協議，及びそれに基づく相続では，どのように扱われていたでしょうか？

Answer

　これまでの遺言や遺産分割協議において，明確，かつ具体的にデジタル遺産について規定を行った事例は多くなく，むしろ，デジタル遺産について明確・具体的な規定をおく遺言や遺産分割協議書の方が稀と思われます。

　デジタル遺産に対する法的権利の不明確性，オンラインのデジタル遺産であるアカウント等の相続の可否についての不明確性，これまで想定されていなかった財産的価値のあるデジタル遺産の発生といった点のほか，これまでの被相続人の方々において保有するデジタル遺産の量は比較的多くはなかったと考えられます。したがって，デジタル遺産に関する問題の発生も多くはなかったこと等がその理由として考えられます。

解　説

　これまでの遺言や遺産分割協議において，明確，かつ具体的にデジタル遺産について規定を行った事例は多くないものと思われます。もちろん，遺言や遺産分割協議は，当事者以外には公開されないことが通常であり，世の中には無数の遺言や遺産分割協議が存在するため，その全ての傾向について述べることは不可能なところではありますが，少なくとも著者がこれまで業務上触れてきた遺言や遺産分割協議，あるいはモデル遺言・遺産分割協議書等からすれば，むしろ，デジタル遺産について

明確・具体的な規定をおく遺言や遺産分割協議書の方が稀と思われます。

　デジタル遺産に関連しそうな内容としては，オフラインのデジタル遺産が記録されているデジタル機器については動産として，「その他一切の動産は……に相続させる」，「その他一切の動産は……が相続する」，あるいはオンラインのデジタル遺産としての各種サービスのアカウント等については「その他一切の債権債務は……に相続させる」といったように，デジタル機器内部のデータやオンラインアカウントの相続等の点を具体的にはあまり意識しない形での遺言や遺産分割協議による相続が多かったものといえるでしょう。

　このように，これまで遺言や遺産分割協議において，デジタル遺産が明確に意識されていなかったと考えられる理由について検討すれば，一つには，Ｑ３において検討したように，デジタル遺産に対する法的権利について不明確な部分があるという点，また，一つには，オンラインのデジタル遺産としてのアカウント等に関する契約関係の相続の可否について不明確な部分があるという点，さらには，暗号資産（仮想通貨）のようにこれまで想定されていなかった財産的価値のあるデジタル遺産が発生しているといった点等にあると考えられます。

　さらには，一般的には相続の発生は，被相続人がある程度高齢であることが想定されますが，これまでの被相続人の方々において保有するデジタル遺産の量は比較的多くはなかったこと，ひいてはデジタル遺産に関する問題の発生も多くはなかったこと，あるいは単純に相続人の意識としてもデジタル遺産を相続の場面において，あまり意識していなかったこと等も理由の一つには挙げられるのではないかと思われます。

　今後は，日増しにデジタル遺産を多く保有した被相続人の相続事例は増加するものと考えられ，これまでは遺言や遺産分割協議において，あまり意識されてこなかったデジタル遺産に関する取扱いの必要性が増大すると考えられます。

「デジタル遺産」の適切な処理の必要性

　デジタル遺産について，各サービスの承継，削除や解約等の手続が複雑なように思えるのですが，デジタル遺産を放置してはいけないのでしょうか？

Answer

　デジタル遺産を放置することは望ましくありません。

　デジタル遺産の記録されたデジタル機器からのデータの抜き出し，盗用のリスク，財産的価値を有するデジタル遺産を放置することは，財産的価値を放棄しているのと同様となり，また税法上の問題を招くリスク，アカウントに関連した契約関係上の義務違反の発生のリスク，アカウント乗っ取りのリスク等が想定されます。

解　説

　確かに被相続人の方が保有していたデジタル遺産について，整理された書面やメモ等を残していない場合には，そもそものデジタル遺産の存在の調査，各サービスの承継や解約の手続等々，煩雑となるところではありますが，結論としては，デジタル遺産を放置することは望ましくないといえます。

　デジタル遺産の種類ごとに検討をすれば，オフラインのデジタル遺産としてパソコン，スマートフォン，タブレット，デジタルカメラ，デジタルムービー等のデジタル機器内のデジタルデータがありますが，確かに，これらのデジタル遺産については放置することが直ちに実害を及ぼすとまではいえないかもしれません。しかしながら，放置の結果ゴミと

して処分される等の際には適切な処分を行わなければ，内部データが第三者に盗まれるリスクがあります。視点を変えれば，それらデジタル機器の調査はオンラインのデジタル遺産を含めた各デジタル遺産の存在の探知の端緒となり得るといった点からも，これらを放置することは望ましくないといえるでしょう。

　オンラインのデジタル遺産としては，各サービスのアカウント及び当該アカウントに蓄積されたデータ，暗号資産（仮想通貨），WEBサイト等が想定されますが，オフラインのデジタル遺産の放置に比して，より直接的な損害の発生に結び付きやすいと考えられます。

　直接的に財産的価値を有するデータとしての暗号資産について，これを放置すれば，財産的価値を放棄しているのと同様になりますし，また，本来的には相続財産の対象となる資産について放置すれば税務申告上の問題も発生し得るといえるでしょう（暗号資産について相続税の対象となる点については，**Q16**を参照）。

　各サービスのアカウントについては，例えば，アフィリエイトアカウント（アフィリエイト広告とは，インターネット上の広告手法になります。詳細は**Q39**を参照）については，アフィリエイター（自らの保有・管理するWEBサイト，ブログ等を通じてアフィリエイト広告収入を得ている人のこと）として適切なWEBサイトの管理が要求される等の義務（例えば，広告掲載期間が終了した場合のリンクの削除など）も存在し，これを放置することは契約上の義務違反となりかねません。契約上の義務違反となれば，賠償責任の問題も発生し得るところでしょう。

　また，上記のとおり暗号資産は財産的価値のあるデータ（現状のところ）であり，アフィリエイトアカウントは収益の獲得が見込まれるアカウントですが，これらのデジタル遺産のように直接的に金銭的・経済的利益に関するサービスではないSNSアカウント等についても，これを放置することにより，いわゆるアカウントの乗っ取りの被害にあう可能性

があり[1] 被相続人のアカウントが悪用等されることは，相続人にとって
も望ましいことではないはずです。

1）乗っ取り自体は故人以外のアカウントも同様に対象となるものの，通常のユー
　ザーであればタイムラグはあるとしてもそれに気付くという点で故人アカウント
　の放置とは事情が異なるところです。

「デジタル遺産」に関するトラブル

「デジタル遺産」に関するトラブルとしては，どのような
ものが想定されますか？

Answer

　デジタル遺産には相続人による発見がなされ難いという側面が
あるといえ，その把握の困難性という性質からは，例えば，定期
課金タイプのインターネットサービスの課金が相続開始後も継続
されてしまう，FX取引等の取引の存在に相続人が気付かず損失
が発生してしまう，アフィリエイト広告等のようにサービス利用
者側の義務が存在するインターネット上のサービスについて，そ
れらの義務の履行が放置され，後の賠償請求の対象等となってし
まう，あるいは取引所を介さない暗号資産（仮想通貨）の保有の
事実を知らないまま相続手続が完了してしまう等のトラブルが想
定されます。

　上記のようなデジタル遺産の性質からは，相続をさせたい側
（被相続人）としては，特に金銭に関わるようなインターネット上
の利用サービス，アカウントへのアクセスに必要な情報等につい
ては相続人に適切に残すことが望ましいところです。デジタル遺
産に関する遺言における記載についてはQ14，個別のデジタル遺
産の適切な相続という点についてはQ16，Q17等もご参照くださ
い。

　逆に，相続人としては，被相続人が残したデジタル遺産に関す
る手掛かりが乏しい場合においても，可能な限り早急にデジタル
遺産の存否の調査を行うことが望ましいといえます。デジタル遺

産の調査については，**Q21**もご参照ください。

━━━━━━━━━━━━━━━━━━ **解　説** ━━━━━━━━━━━━━━━━━━

　デジタル遺産は，不動産や現金，宝石などの相続財産とは異なり，被相続人が亡くなるまでは（あるいは亡くなって以降も），被相続人がどのようなインターネット上のサービスを利用し，登録を行っていたかを相続人が全く知らないという事象もごく一般的に想定されるものと考えられます。

　そのようなデジタル遺産の把握の困難性という性質からは，例えば，定期課金タイプのインターネットサービスの課金が相続開始後も継続されてしまう，FX取引[1]等の取引の存在に相続人が気付かず損失が発生してしまう，アフィリエイト広告等のようにサービス利用者側の義務が存在するインターネット上のサービスについて，それらの義務の履行が放置され，後の賠償請求の対象となってしまう，あるいは取引所を介さない暗号資産の保有の事実を知らないまま相続手続が完了してしまう等のトラブルが想定されます。

　また，**Q37**において触れるような，法的紛争の証拠収集の一環としてSNS運営企業に対するデータの開示請求が可能であるか否かなどの問題も，デジタル遺産ならではの問題といえるでしょう。

　上記のようなデジタル遺産の性質からは，相続をさせたい側（被相続人）としては，特に金銭に関わるようなインターネット上の利用サービス，アカウントへのアクセスに必要な情報等については相続人に適切に残すことが望ましいところです。デジタル遺産に関する遺言における記

1）外国為替証拠金取引のことであり，金融商品取引法に規定されるデリバティブ取引の一種とされます。語源としては，「Foreign Exchange」の略称とされています。少額の元手での取引も可能な反面，差し入れた保証金以上の多額の損失が生ずるおそれのある非常にリスクの高い取引といえます。

載については**Q14**，個別のデジタル遺産の適切な相続という点について
は，**Q16**，**Q17**等もご参照ください。

　逆に，相続人としては，被相続人が残したデジタル遺産に関する手掛
かりが乏しい場合においても，可能な限り早急にデジタル遺産の存否の
調査を行うことが望ましいといえます。デジタル遺産の調査については，
Q21もご参照ください。

【「デジタル遺産」に関するトラブルの例】

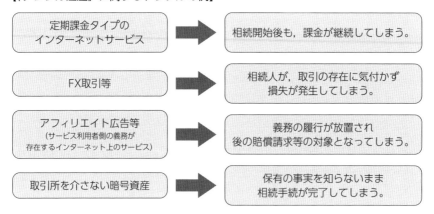

デジタル機器の調査方法 「デジタルフォレンジック」とは

「デジタルフォレンジック」とは，何のことでしょうか？
その技術で，どのようなことができるのでしょうか？

Answer

　現状，「デジタルフォレンジック」に関する一義的な定義は存在しないと考えられますが，簡単に説明すると，「デジタルフォレンジック」とは，パソコンやスマートフォン等のデジタル機器内に存在するデジタルデータの分析・調査・解析，デジタルデータの復元などを行う調査手法・技術のことをいいます。

　デジタル機器が広く浸透した現代の紛争の解決場面（ときには紛争の予防場面）において利用される技術ですが，デジタル遺産に関連しても利用が想定される技術といえます。

　当該技術のデジタル遺産に関連した応用について考えれば，ロックされたパソコン内部のデータの取得や，パソコンの通常の起動が不可能（いわゆる一般的には通常使用できず故障している状態）である場合に，ハードディスク内のデータを取得・解析する等が想定されます。

解　説

1 デジタルフォレンジックとは？

　現状，「デジタルフォレンジック」に関する一義的な定義は存在しないと考えられますが，簡単に説明すると，「デジタルフォレンジック」とは，パソコンやスマートフォン等のデジタル機器内に存在するデジタ

ルデータの分析・調査・解析，一般的な方式で消去されたデジタルデータの復元などを行う調査手法・技術のことをいいます。

例えば，「証拠としてあったら良かったな」と思われるような，既に（通常の削除方法で）消去してしまったパソコンなどのデジタル機器内にあるデータを解析・復元（ここで「復元」とは，一般的な使用方法によって見ることができるように戻すという意味にて使用します。以下同じ）するといった技術となります（復元だけではなく，専門的解析によって初めて確認可能なデータの解析・調査なども行います。）。

著名な事件をいくつか挙げれば，2006年のライブドア事件におけるメールデータの復元，2011年の大相撲八百長問題における携帯電話のメールなどの復元・解析作業などにおいて，デジタルフォレンジック技術が使用されたといわれています。

このデジタルフォレンジックは，パソコンなどのデジタル機器が使用されていないビジネスや社会システムはもはや存在しないといっても過言ではない現代における紛争の解決場面（ときには紛争の予防場面）において効果の期待できる技術といえますが，デジタル遺産が問題となる場面においても利用が十分に想定され，また実際に使用されている技術といえます。

2 活用シーン

パソコンやスマートフォンなどのデジタル機器において，特定のデー

タをユーザーが削除したとします。その際にデータを削除し，かつ，ゴミ箱の中までも完全に削除したとしても，その削除されたデータは通常一般のユーザーからは見えない状態になっているだけで，パソコンやスマートフォンなどのデジタル機器にはまだ残存していることが少なくありません。これについて専門家が解析を行えば，通常一般のユーザーが削除したデジタルデータも発見し，復元することができるのです。

　「消去してしまった」の程度としても，単に数日前に消去してしまったという軽度のレベルから，OSまでも入れ替え，複数社員がその都度アカウントを変えて使用してしまっているといった重度のレベルまで様々ですが，著者が実際に取り扱った案件においては，OSが入れ替わり，複数社員がその都度アカウントを変えて使用していた場合でも昔の社員の多数のメールを復元したという事例もあります。

　どのようなものが復元できるかについてですが，これは対象のデジタル機器や容量等の個別具体的事情・環境に応じてケースバイケースになります。ワード・エクセル等のファイルデータ，画像データ，SNSアプリの消去メッセージなども復元することが可能です。

　その他デジタルフォレンジック技術は，データの復元の側面のみではなく，通常一般のユーザーが見ることができないデジタル機器内部の解析も可能です。パソコンの電源オンオフデータ，Wi-Fi接続履歴，WEBサイトの閲覧履歴等の解析も可能です。

　ある特定の時間に特定の人物がどこにいたかという位置情報はときに非常に重要な証拠となりますが，当該人物の使用しているスマートフォン，タブレット等のWi-Fiの接続履歴が位置情報を立証する重要な証拠ともなり得るところです。刑事事件でいえばアリバイなどというところでしょう。民事事件においても，例えば，偽造された取締役会議事録について偽造であることを立証するために，特定の取締役がその場所にその開催時間にはいなかったといった立証が可能となるなど，立証の方法

及び対象はアイデア次第で無限に広がっているといえます。

　このようなデジタルフォレンジック技術の活用に関して，デジタル遺産について考えれば，ロックされたパソコン内部のデータの取得や，パソコンの通常の起動が不可能（いわゆる一般的には通常使用できず故障している状態）である場合に，ハードディスク内のデータを取得・解析する等が想定されます。

　被相続人がインターネット上でアフィリエイト等の取引を行っていることがある程度推測されながらも実際にどのような取引を行い，どのようなWEBサイトを管理していたかが不明である場合で，かつ，パソコンがロックされていてパスワードが不明，又はパソコンが故障している等の状況においてデジタルフォレンジックによる解析が役立つというシーンが想定されるところです。

　WEBサイトの閲覧履歴が消去されている場合にも，デジタルフォレンジック技術でこれを解析・復元することができる可能性があります。閲覧履歴の解析画面については次頁の図・写真をご覧ください。

　なお，デジタルフォレンジックは弁護士等の法律の専門家が直接に行う（作業する）というものではなく，専門のエンジニアがこれを行うこととなります。

　他方で，闇雲にデジタル機器内の全データの復元や全解析を行うことについては意味がないばかりではなく，期間・費用も大きなものとなり無駄となってしまいます。

　したがって，法的な観点からの必要性，捜索対象箇所などを絞った上で，デジタルフォレンジックを依頼するという流れが一般的といえるでしょう。

　このような意味では，デジタルフォレンジックに関する初歩的な相談窓口としては，デジタルフォレンジックに精通した弁護士が想定されます。

【WEBの閲覧履歴を解析している画像】

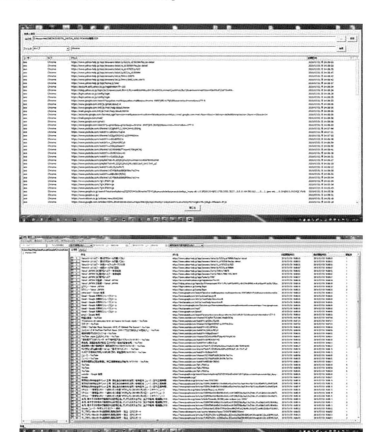

【フォレンジック作業をしている風景画像】
（HDの取り出し等フォレンジック作業風景）

①モバイルからのデータ抽出作業

②モバイルの解体によるチップオフ作業

③HDDからのデータ抽出作業

④モバイルからのデータ抽出作業

〔写真・画像提供：リーガルテック株式会社〕

暗号資産（仮想通貨）

　近時，暗号資産（仮想通貨）を保有する人も少なくないようであり，暗号資産は財産的価値のあるデータとして相続にも関係するものと思われますが，そもそも，暗号資産はどのように取引され，どのようにして保有することが通常なのでしょうか？

Answer

　現在，代表的な暗号資産であるビットコインをはじめとして，イーサリアム，リップル等々多数の暗号資産が存在しています。

　有名な暗号資産については，暗号資産の交換業者を通じて売買などの取引が行われ，多くは暗号資産交換業者における取引を通じて暗号資産を保有しています。

　他に，マイニング，ユーザー間での送金による保有の可能性もあります。

解　説

1 暗号資産（仮想通貨）とは

(1) 暗号資産の動向と取得方式

　2008年に「サトシ・ナカモト」と名乗る匿名の人物がインターネット上に公開したビットコインに関する論文における構想に基づき運用が開始された代表的な暗号資産であるビットコインをはじめとして，イーサリアム，リップル等々多数の暗号資産が存在しています。資金調達を目的とした企業等が，独自の暗号資産を発行するICO（Initial Coin

Offering）といった現象も発生しています。なお，ビットコイン以外の
暗号資産の取引に際して，ビットコインで購入する方式がとられること
も少なくなく，ビットコインは暗号資産の世界において基軸通貨のよう
な役割も担っているといえます。また，ビットコインは，取引をネット
ワーク上の端末に分散記録する技術であるブロックチェーン技術をその
根幹技術としています（32頁の図参照）。

　暗号資産を説明するに当たっては，仕組み等を含めてその全てを説明
するためには相当複雑な技術的話題等にも触れる必要がありますが，本
書では，本書の対象であるデジタル遺産に関連する法的問題を理解する
上で必要な範囲で，かなり簡略化して説明をすることとします。

　大多数の人々は暗号資産交換業者[1]を通じた取引（交換業者から直接購
入・交換業者へ売却する取引や保有者間の売買の仲介を交換業者が行う取引
等があります。）により暗号資産を保有していると考えられますが，暗号
資産交換業者を通じた取引以外の方法による保有もあり得るところであ
り，一つにはマイニングによるビットコインの取得もあり得ます。マイ
ニングの一般的な言語的意味は「採掘」ということになりますが，暗号
資産を語る文脈においては次のような意味となります。

　暗号資産の根幹技術としてのブロックチェーンには改ざん等の可能性
が存在しますが，「仕事の証明」（Proof of Work）という取引の検証作業
によりこれを防止しています。そしてこの取引の検証作業は膨大な計算
処理となり，当該作業を行うためには相当のコンピュータ資源が必要と
なるところですが，最速で適切な検証計算を完了した主体に対し報酬と

1）資金決済に関する法律2条7項で「仮想通貨交換業」とは，次に掲げる行為
　のいずれかを業として行うこととされています。
　一　仮想通貨の売買又は他の仮想通貨との交換
　二　前号に掲げる行為の媒介，取次ぎ又は代理
　三　その行う前二号に掲げる行為に関して，利用者の金銭又は仮想通貨の管理を
　　すること。

してビットコインが割り当てられるというシステムによりこれを補っており，この仕組みをマイニングといいます。このように暗号資産交換業者を通じた取引以外のビットコインの取得方法も存在します。

(2)　暗号資産の定義と名称

　日本の現行法における暗号資産の定義について見てみると，「暗号資産」は，資金決済に関する法律において「物品を購入し，若しくは借り受け，又は役務の提供を受ける場合に，これらの代価の弁済のために不特定の者に対して使用することができ，かつ，不特定の者を相手方として購入及び売却を行うことができる財産的価値（電子機器その他の物に電子的方法により記録されているものに限り，本邦通貨及び外国通貨並びに通貨建資産を除く。次号において同じ。）であって，電子情報処理組織を用いて移転することができるもの」，「不特定の者を相手方として前号に掲げるものと相互に交換を行うことができる財産的価値であって，電子情報処理組織を用いて移転することができるもの」と定義されています（資金決済に関する法律2条）。

　ところで，「暗号資産（仮想通貨）」の名称については，これまではFATF（マネーロンダリングに関する金融活動作業部会）や各国法令で使用されていた「virtual currency」の日本語訳として「仮想通貨」という用語が資金決済に関する法律などでも使用されています。しかし，近時のG20等において「crypto-assets」の用語が使用され（これを日本語に翻訳すると「暗号資産」となります。），これらの国際的な情勢，また実質的には法定通貨との混同の防止といった観点等から，「情報通信技術の進展に伴う金融取引の多様化に対応するための資金決済に関する法律等の一部を改正する法律」（令和元年6月7日公布・公布の日から1年以内に施行）によって「仮想通貨」の呼称が「暗号資産」に変更されることとなります（同法1条）。本書では当該法改正にならい，「暗号資産」と

31

用語の統一をしておきます。

ブロックチェーンとは

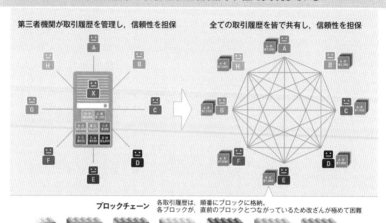

出典：経済産業省商務情報政策局情報経済課「平成27年度我が国経済社会の情報化・サービス化に係る基盤整備（ブロックチェーン技術を利用したサービスに関する国内外動向調査）報告書概要資料」（平成28年4月28日）3頁

②　暗号資産保有の探知

　前述のとおり，大多数の人々は暗号資産交換業者を通じた取引により暗号資産を保有していると考えられます。**Q16**においても説明するように，暗号資産交換業者を通じた暗号資産の保有については，相続人においても比較的探知がしやすいものと考えられます。暗号資産交換業者を通じた暗号資産の取引は，基本的には日本円などの法定通貨を暗号資産交換業者の口座に入金し，その資金で購入の取引を行うことになります。

したがって，取引開始時における被相続人の銀行口座から暗号資産交換業者への資金移動の記録等からの探知が想定されます。

　その他，前述のマイニングによる取得，また，アドレス[2]からアドレスへの暗号資産送金も可能であることからユーザー間での送金による取得も想定されることとなります。これら方法による取得については，暗号資産交換業者を通じた取得よりも被相続人の探知は難しいといえます。

　保有している暗号資産について送金等の処理を行うためには，当該アドレスを作成した際に作成される「秘密鍵」が必要となります。秘密鍵は，桁数の多いランダムな文字列であり，これをそのまま暗記して管理することは難しいものです。そこで，「秘密鍵」を管理するためのウォレットを使用することになります。Q16においても説明していますように，ウォレットには，デスクトップウォレット（PC端末用のウォレット），ウェブウォレット（WEB上のウォレット），モバイルウォレット（スマートフォン等の携帯端末用のウォレット），ペーパーウォレット（紙に印刷されたウォレット），ハードウェアウォレット（USBのような形状であることが多い専用ウォレット端末）等の様々な形式があります。このようなウォレットのアプリケーションを，被相続人の所有していたデジタル機器から発見することにより，暗号資産を保有していたという事実が探知されることが想定されます。

　なお，秘密鍵とは，公開鍵暗号方式の暗号化技術において公開鍵と対になる（保有者以外には秘匿される）鍵のことをいいます。ビットコイン等の暗号資産の送金時に，電子署名として機能しています。

　2）暗号資産においてアドレスは銀行口座番号のような役割といえるでしょう。

第 2 章

本人（保有者）からの相談

「デジタル遺産」の処分①
—— 他者に委ねる方法の可否

　私の死後，処分してほしいデジタルデータやWEB上の各種サービスがあるのですが，どうすればよいですか？

Answer

　遺言において指定した相続人へのデータ処分の指示を記載することや，エンディングノートでのデータ処分に関する要望を記載することが検討されます。ただし，それらの方法では法的義務の発生の観点から実効性に弱い部分があるといえるでしょう。他に，付言事項としての単なる要望の記載ではなく，データ処分やWEB上の各種サービスの削除・解約等を負担の内容とする負担付遺贈又は負担付遺産分割方法の指定を行うことも考えられます。

　また，委任者の死亡後も効力を持つことを意図した委任契約も有効と解されますので，データ処分やWEB上の各種サービスの削除・解約等を委任する死後事務委任契約の締結も検討されます。死後事務委任契約において委任される事務処理については，受任者には契約上の義務となるため削除等の実行の確度は高いものと考えられますが，デジタル遺産の取扱いやインターネット上のサービスに詳しい受任者への依頼が望ましいといえます。

解　説

1　遺言への記載の効果

　遺言の記載事項には記載をすることで法的効力を持つ事項（法定遺言事項）と，法的効力の発生しない事項（付言事項）が存在します。

　法定遺言事項には，遺産分割方法の指定（民法908条），遺贈（同法964条），遺言執行者の指定（同法1006条），祭祀財産の承継者の指定（同法897条1項），特別受益の持ち戻し免除（同法903条3項）等の事項があり，これらに関する遺言の記載は法的な効力を有することとなります。

　他方でこれら法定遺言事項以外の事項については，記載を行うことは可能であっても，法的効力が発生しないこととなります。遺言に関する実務上は，どうして当該遺言内容となったかといった遺言の経緯，特定の財産を特定の相続人に相続させることの理由，葬儀の方式の希望等について記載がなされることがあります。

　デジタル遺産についても付言事項として，「データを消去してほしい」等の処分方法の要望を記載することは可能であり，これについて相続人が任意に要望どおりのデータ処分を行うことはあり得ます。ただし，このような要望の記載によっては相続人にデータ処分を行う法的義務が発生するというものではない点には注意が必要となります。他に，付言事項としての単なる要望の記載ではなく，データ処分やWEB上の各種サービスの削除・解約等を負担の内容とする負担付遺贈を行うことも考えられます。

　負担付遺贈[1]とは，一定の義務（負担）とともに財産を遺贈することとするものですが，一方的な行為であるため，受遺者は当該遺贈を受けるか否かを検討し放棄も可能とされます。したがって，負担の履行の確保という観点から放棄等をされないためには，あらかじめ受遺者との間で取決めを行っておくことが望ましいと考えられますが，その意味では結局のところ，死後事務委任契約を締結した方が簡便かもしれません（後記2参照）。

1）民法1002条1項
　　負担付遺贈を受けた者は，遺贈の目的の価額を超えない限度においてのみ，負担した義務を履行する責任を負う。

　負担の内容については，受益者の扶養やペットの飼育等も負担の内容とすることができるものとされますが，犯罪行為や身分行為（婚姻，養子縁組等）をすることを定めても無効となると解されています。

　負担の履行の確保のために併せて遺言執行者を指定することも可能です。

　また，負担付相続という遺言も遺産分割方法の指定の一態様として可能であると解されています[2]。その場合，負担付遺贈の一定の規定は，負担付相続の遺言にも準用されると考えられます[3]。

　なお，遺言等に基づいた近親者によるアカウントの削除申請手続が案内されているSNSもあります[4]。

　エンディングノートも同様に法的義務を発生させるものではないため，もちろん相続人に本人（被相続人）の意思を伝達すること，及び任意の処分が期待できるという点には意味があるところではありますが，法的な確実性は期待できないといわざるを得ないところです。

　その他，相続人が複数いて対象データに関する著作権等について共有状態となっている場合には，特定相続人による独断の処分行為は，賠償請求の対象ともなりかねませんので注意が必要です。

2　死後事務委任契約の利用

　次に，データ処分やWEB上の各種サービスの削除・解約等を委任す

2）蕪山巌ほか『遺言法体系Ⅰ　補訂版』（慈学社，2015）436頁。
3）野田愛子ほか編『家事関係裁判例と実務245題』判夕臨時増刊1100号473頁。
4）Facebookヘルプセンター「亡くなった家族のFacebookアカウントについて削除をリクエストするにはどうすればよいですか。」
　　https://www.facebook.com/help/1518259735093203
　　Instagramヘルプセンター「亡くなった方のInstagramアカウントを報告するにはどうすればよいですか。」
　　https://www.facebook.com/help/instagram/264154560391256

る死後事務委任契約の締結が検討され得ます。

　ここで，死後事務委任契約は，委任者の死亡後も効力を発生させることを意図するという点で通常の委任契約と異なるといえます。すなわち，委任者の死亡は委任契約の終了事由とされているところ（民法653条），このように委任者の死亡後も効力を持つことを意図した委任契約が許されるかが問題となります。この問題に関しては，「自己の死後の事務を含めた法律行為等の委任契約が○○と上告人との間に成立したとの原審の認定は，当然に，委任者○○の死亡によっても右契約を終了させない旨の合意を包含する趣旨のものというべく，民法653条の法意がかかる合意の効力を否定するものでないことは疑いを容れないところである。」（○○につき筆者による修正）との判例（最判平成4年9月22日金法1358号55頁）のように解されており，このような契約も許されると考えられます。

　次に，委任契約は，当事者間の人的信頼関係を基礎とするものであり，この信頼関係がなくなった当事者間において委任を継続させることに意味はないという考え方から，特に理由を要求しない任意の解除権が認められています（民法651条1項）。このことから考えれば，死後事務委任契約も委任契約である以上，相続人が本人（被相続人）の死亡後この死後事務委任契約を自由に解除し，本人の意思が貫徹されない事態が容易に発生してしまうのではないかとも考えられ，この点が問題となります。そのような結論となる場合には，本人の意思が貫徹されないこととなるでしょう。

　この点については，「さらに，委任者の死亡後における事務処理を依頼する旨の委任契約においては，委任者は，自己の死亡後に契約に従って事務が履行がされることを想定して契約を締結しているのであるから，その契約内容が不明確又は実現困難であったり，委任者の地位を承継した者にとって履行負担が加重であるなど契約を履行させることが不合理

と認められる特段の事情がない限り，委任者の地位の承継者が委任契約を解除して終了させることを許さない合意をも包含する趣旨と解することが相当である。」（東京高判平成21年12月21日判タ1328号134頁・判時2073号32頁）との高等裁判所の判決が参考となるところです。当該判決は，死後事務委任契約について，本人の死亡後，特段の事情がない限り，委任者の地位の承継者からも契約を解除できないとしています。死後事務委任契約を締結する本人の意思の解釈という意味では，これに沿う結論と考えられます。

　なお，上記東京高等裁判所判決は，「本来，委任契約は特段の合意がない限り，委任者の死亡により終了する（民法653条1号）のであるが，委任者が，受任者に対し，入院中の諸費用の病院への支払，自己の死後の葬式を含む法要の施行とその費用の支払，入院中に世話になった家政婦や友人に対する応分の謝礼金の支払を依頼するなど，委任者の死亡後における事務処理を依頼する旨の委任契約においては，委任者の死亡によっても当然に同契約を終了させない旨の合意を包含する趣旨と解される（最高裁平成4年(オ)第67号同年9月22日第三小法廷判決・金融法務事情1358号55頁参照）。」。として，併せて，先ほどの死亡後の委任契約の有効性の点についても有効である旨判示しています。

　死後事務委任契約において委任される事務処理については，受任者には契約上の義務となるため削除等の実行の確度は高いものと考えられますが，デジタル遺産の取扱いやインターネット上のサービスに詳しい受任者への依頼が望ましいといえます。

　その他，死後事務委任契約に関する実務的な問題点としては，本人の死亡の事実について受任者に通知がなされるような工夫が必要となる点でしょう。

「デジタル遺産」の処分②
── 自身で設定する方法の可否

Q 9では他者の力を借りてデータ等の処分を行う方法でしたが，他者の力を借りず自ら死亡後にデータ等を処分することはできませんか？

Answer

使用するパソコンに一定の設定条件のもと，パソコン内のデータを削除するソフトウェアをインストール，設定することが可能です。ただし，ソフトウェアによっては当該ソフトウェアのアイコンを相続人が起動する必要があるものもあり，相続人が当該ソフトウェアを起動しなかった場合にはデータを見られる可能性があり，その他，そもそもそれらソフトウェアの起動にはパソコンの電源を入れる必要があるため，パソコンを起動せず，ハードディスクドライブのみを取り出して，別途読み取りを行うなどの場合には対応できません。もっとも，パソコンを起動せず，ハードディスクドライブのみを取り出すことは一般的にはあまり想定されないため，一定の効果が期待できるところではあります。

スマートフォンの場合には，死亡後のデータ消去の問題のみならず，日頃からの情報漏洩対策として，画面ロックを解除するパスワードの入力を指定の回数，間違えた場合に，データを自動で消去する設定であるローカルワイプ（初期化）機能を有している場合には，それを使用することも一つの方法といえます。

解　説

1 生前の対策によるデータ処分

Q9において解説した方式においては，データの処分について他者・第三者によることが想定されていましたが，より積極的に一定の設定条件のもと，あらかじめ設定した処分対象データを自動的に削除するようなソフトウェアをインストールして使用することも検討されます。

詳細な使用方法については，各ソフトウェアを確認する必要がありますが，あるソフトウェアでは，削除したいファイル・フォルダを指定し，削除を実行する日を設定することで，実行条件を満たしている状態でパソコンを起動すると，自動であらかじめ指定しておいたファイルやフォルダを削除し，設定していたメッセージを画面上に表示するというものがあります[1]。

実行日の設定については，具体的な日時，何日間経過後又は当該ソフトウェアの最終起動日からの期間の設定が可能なようです。

その他，デスクトップ上に配置した当該ソフトウェアのアイコンを相続人がクリックすると，本人が相続人に宛てたメッセージが表示されるとともに，削除するよう設定されたファイルが削除されるというソフトウェアも存在します[2]。

ただし，当該ソフトウェアのアイコンを相続人が起動する必要があるものについては相続人が当該ソフトウェアを起動しなかった場合には削

1）「死後の世界」https://www.yukibow.com
　　パソコンが指定日数，起動されなかったら削除される設定の場合，最終起動より○○日間，本ソフトが起動されなかったら実行という設定を行うことになります。
　　参考サイト　https://www.gigafree.net/security/privacy/will.html
2）「僕が死んだら…」
　　現在は　https://www.vector.co.jp/soft/winnt/util/se444807.html　などでダウンロード可能なようです。

除されていないデータを他者・第三者が見ることができる可能性があります。前記のソフトウェアにおいても，そもそもパソコンを起動することが必要であるため，パソコンを起動せず，ハードディスクドライブのみを取り出して，別途読み取りを行うなどの場合には対応できません。もっとも，パソコンを起動せず，ハードディスクドライブのみを取り出すことは一般的にはあまり想定されないため，一定の効果が期待できるところではありますが，あり得る範囲の事象の中でそのような事態を想定するとすれば，例えば，パソコンが故障したため正常の起動が行えず，ハードディスクのみを取り出してデータ解析する場合などが想定されるところでしょう。

　なお，このようなデータ消去ソフトにおいて，消去の程度・レベルを選択できるものがありますが[3]，デジタルフォレンジックを取り扱う企業へのインタビューでは，上書き処理を伴う消去方式の場合にはデータの復元は難しくなるということでした。したがって，厳格なレベルでの消去を望む場合には，上書き処理を伴う削除を選択することが望ましいと考えられます。

　その他，スマートフォン等の場合には，死亡後のデータ消去の問題のみならず，日頃からの情報漏洩対策として，画面ロックを解除するパスワードの入力を指定の回数，間違えた場合に，データを自動で消去する設定であるローカルワイプ（初期化）機能を使用することも一つの方法といえます。

3）「僕が死んだら…」においては，破壊処理を行わない，上書き処理を行う等4段階の消去方法が選択可能です。
　　https://freesoft-100.com/review/bokugashindara.html

【参考】

○死後の世界

Home → Software DownLoad → ユーティリティ → 死後の世界 → スクリーンショット

ログイン

▶ユーザー認証による情報管理。
▶機密を外部に漏らしません。

設定画面

▶フォルダ単位の削除とファイル単位の削除を並行して自動実行。
▶常駐処理（スタートアップへの登録）もボタンひとつの簡単操作。

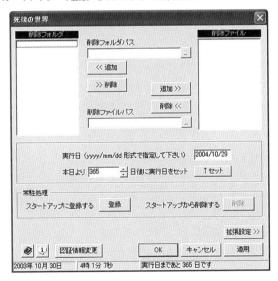

拡張設定画面

▶常駐自動解除，警告表示，実行後メッセージ表示等いろいろな拡張設定が用意されています。
▶実行後のメッセージはテキストメッセージとHTMLメッセージ（URLも可）が選択できます。

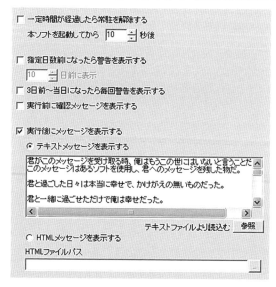

遺言の表示

▶あなたの大切な人へのメッセージ（遺言）を表示できます。

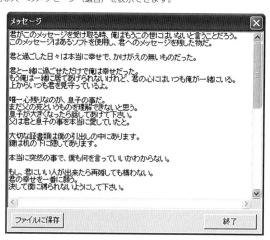

Home → Software DownLoad → ユーティリティ → 死後の世界 → スクリーンショット
転載元：URL　https://www.yukibow.com
©ゆき（高橋征宏）

○僕が死んだら…

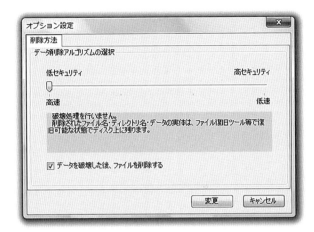

　左から順に次の4段階から選択可能です。

・破壊処理を行いません。

　　削除されたファイル名／ディレクトリ名／データの実体は，ファイル復旧ツール等で復旧可能な状態でディスク上に残ります。

・ファイル名／ディレクトリ名をランダムで変更後，データの先頭512byteを上書きして破壊します。

　　削除した場合でも，データの実体はファイル復旧ツール等で復旧可能な状態でディスク上に残りますが，一般的な画像・動画データの再生は困難になります。

・ファイル名／ディレクトリ名をランダムで変更後，ファイルデータの領域全てを0x00で上書き処理を行います。

　　データの実体の復旧は困難です。

・ファイル名／ディレクトリ名をランダムで変更後，NSA（国家安全保障局）推奨方式で，ファイル領域の上書きを行います。

　　この方法でデータを破壊すると，データの実体の復旧は非常に困難になりますが，非常に低速です。

転載元：有限会社シーリス

万一の場合に備えたアカウント削除等の設定

SNSやウェブサービスについて，あらかじめ万一の場合に
はアカウント削除する等の設定をすることはできませんか？

Answer

　万一の場合に備えてあらかじめアカウント削除等の設定が可能
か否かは各サービスの規約及び仕様によることになりますので，
利用しているSNSやウェブサービスの規約・機能上，万一の場合
のアカウント削除等の設定を行うことになります。

解　説

　万一の場合に備えて，あらかじめアカウント削除等の設定が可能か否
かは各サービスの規約及び仕様によることになります。

　代表的なSNSやウェブサービスの規約・仕様についてみると，
Facebookでは，利用者本人は，事前にアカウントを「追悼アカウント」
にするか，アカウントを完全に削除するかについて選択できる仕様と
なっています[1]。

　「追悼アカウント」とは，プロフィールにあるアカウント所有者（故
人）の名前の横に，「追悼」との表示がなされ，アカウント所有者がシェ
アしていたコンテンツはそのまま残り，シェアしていたオーディエンス
は引き続きそのコンテンツを見ることができるというものになります。

---

1 ）Facebookヘルプセンター「私が死んだ場合，Facebookアカウントはどうなり
　ますか。」
　　https://www.facebook.com/help/103897939701143

　また，追悼アカウント管理人[2]を指定し，亡くなった方に代わって最後のメッセージをシェアする意味でプロフィールに投稿を書いて固定することや，その後のアカウント削除を任せることもできる仕様となっています。

　ウェブサービスであるGoogleアカウントには，あらかじめアカウント所有者が生前にアカウントの帰趨について設定を行うという意味で「アカウント無効化管理ツール」というものが用意されています。

　「アカウント無効化管理ツールは，ユーザーが一定の期間自分のアカウントを利用していない状態が続いた場合に，そのアカウントデータの一部を公開したり，他のユーザーに通知したりするための手段」[3]とされています。データの公開ではなく，アカウントデータを自動的に削除する設定も可能ですので，万一の場合にはアカウントやデータの削除を希望する場合には，あらかじめこれを利用して設定すればよいでしょう。

2）Facebookヘルプセンター「追悼アカウント管理人とは何ですか。また，その人が私のFacebookアカウントにできることは何ですか。」
　　https://www.facebook.com/help/1568013990080948
3）Googleアカウントヘルプ「アカウント無効化管理ツールについて」

第三者又は相続人による訃報コメントのアップロード

　私の死後，利用しているSNSで訃報のコメント（生前の私からのメッセージ）等をアップロードしてほしいのですが，私の死後に，アカウント保有者である私以外の者が私のSNSアカウントにログインして書き込むことに問題はないでしょうか？

Answer

　規約上，本人の死後，訃報コメントをアップロードする等の権限者を設定することができる場合には，その権限者によるアクセス，コメントのアップロードは問題がないと考えられます。

　他方で，そのような規約や設定がない場合に，第三者が故人のアカウント自体に直接ログインして書き込みを行うことには，規約違反等の問題が発生する可能性があります。

　その他，権限者指名の規約や設定がない場合に，相続人が利用契約・アカウントを相続したことによるアクセス及びコメントのアップロードができないかが問題となり得ますが，アカウントの相続については議論があり得るところです。この点に関する詳細は，**Q37**をご参照ください。任意にSNS運営企業がアクセス許可を行わない場合には，訴訟等の必要性が発生し，かつ，その結果は不透明になります。

　したがって，利用しているSNSで訃報のコメント等をアップロードしてほしいという場合には，追悼アカウント管理人等の権限者を指名することが可能である場合には，あらかじめそれを設定するか，そのような仕様であるSNSの利用・移行をする等が検

討されます。

解　説

　Q11において見たように，あらかじめ追悼アカウント管理人等の権限者を指名することが可能であるSNS[1]である場合には，当該設定を行い，それによって指名された管理人がその権限において訃報や故人のお別れメッセージ等をアップロードすることに問題はないと考えられます。

　他方で，第三者が故人のアカウント自体に直接ログインしてアップロード等を行うことは，規約違反等の問題が発生する可能性があると考えられます。

　例えば，先のFacebookの規約においては，「自分のパスワードを共有したり，自分のFacebookアカウントに他人をアクセスさせたり，または自分のアカウントを（弊社の許可なく）他人に譲渡しないこと。」との規定があります[2]。

　その他，権限者指名の規約や設定がない場合に，アカウント保有者（故人）の相続人が，SNSアカウントを相続したとして適式にアクセスすることをSNS運営企業に要請することも考えられますが，**Q37**においてもみるように，アカウントの相続については議論があり得るところです。任意にSNS運営企業がアクセス許可を行わない場合には，訴訟等の必要性が発生し，かつ，その結果は不透明になります。

　権限者指名の規約や設定がなく，かつ，利用契約・アカウントの相続が認められない場合において，事実上IDとパスワードを知っているこ

1）例えば，Facebook等。
　　Facebookヘルプセンター「追悼アカウント管理人とは何ですか。また，その人が私のFacebookアカウントにできることは何ですか。」
　　https://www.facebook.com/help/1568013990080948
2）https://www.facebook.com/legal/terms
　　Facebook利用規約：3．Facebookとコミュニティに対する利用者の誓約
　　1．Facebookを利用できる方

とをもってアカウントにアクセスし書き込みを行うことには，利用契約違反[3]，不正アクセス禁止法との関係で法的な問題が発生し得ると考えられます。

　したがって，利用しているSNSで第三者に訃報のコメント等をアップロードしてほしいという場合には，追悼アカウント管理人等のそのような権限のある権限者を指名することが可能である場合には，あらかじめそれを設定する，そのような仕様であるSNSの利用・移行を検討する，あるいはアカウントの相続（ひいては相続に基づく適法なアクセス）を明確に認めるSNSへと移行する等を検討することが望ましいと考えられます。

3）規約の契約への組入れについてはQ45参照。

規約上アカウントの相続が否定されている場合の関連データの開示請求の可否

　現在利用しているウェブサービスは，規約でユーザー死亡後，アカウントの相続は禁止され，また，相続人に対してデータ開示は行わないとされていますが，私としては，死後，相続人にデータを承継したいと考えています。どうすればよいでしょうか？

Answer

　契約自由の原則のもと，適切に規約が契約に組み入れられている限り，基本的には利用契約といえる規約に従った結論となり，アカウントの相続，相続人によるデータ開示は難しいものとなります。

　利用契約・アカウントが相続できず終了する場合の実体法上のデータ開示請求の可能性もありますが，やはり（訴訟に至らない）任意の協力要請レベルでの開示は容易ではないことが予測されます。その他，弁護士会照会，文書送付嘱託申立及び文書提出命令申立によるデータ開示請求も検討され得ますが，いずれも簡便とはいえません。

　以上のように，データの事後的な開示請求には大きな困難が伴うことが予測されます。

　したがって，相続人へのデータ承継を望む場合には，規約上生前に一定のデータを特定の人物に対して送信することを設定できるようなウェブサービスやアカウントの相続又は相続人へのデータ開示手続を規約上規定するウェブサービスを選定して利用することが望ましいといえます。

解　　説

1　規約[1] の効力

　相続の場面においては，相続人は被相続人の財産に属した一切の権利義務を承継する（民法896条）ものとされており，基本的には一切の権利義務を承継することが原則とされています。ただし，被相続人の一身に専属したものは，この限りでない（同法896条ただし書）ともされるため，レンタルサーバ業者やプロバイダとの間の契約が一身専属的なものかという点が問題となるでしょう。契約組入れの条件を満たした規約[2]は利用契約といえますが，本**Q**のようにアカウントの相続や相続人に対するデータの開示が明確に否定された規約である場合には，原則的には契約自由の原則のもと，当該規約に従った結論となり，アカウントの相続，相続人によるデータ開示は難しいものとなります。

　消費者契約法や公序良俗違反等を理由とした契約条項の無効の可能性はないとはいえませんが，サービス提供企業からの任意の協力は期待できず，訴訟提起等が必要となるものと考えられます。

　消費者契約法においては，事業者・消費者間の情報の格差，交渉力の構造的な格差があることから，事業者の損害賠償の責任を免除する条項（同法8条），消費者の解除権を放棄させる条項等の無効（同法8条の2），消費者が支払う損害賠償の額を予定する条項等（同法9条），消費者の利益を一方的に害する条項（同法10条）を無効としています。また，著しく不合理な条項，不当に一方の権利を制限するような条項等については，民法上の公序良俗違反，信義則違反による無効（民法90条，1条2項）の可能性もあるところです。詳しくは規約の効力について解説した

1）規約の契約への組入れ要件（すなわち，規約がユーザーとサービス提供者間の契約となるための要件）については，**Q45**参照。
2）前掲注1と同様。

Q45もご参照ください。

② 事後的開示請求の困難性

　利用契約・アカウントが相続できず終了する場合の，実体法上のデータ開示請求の可否等の詳細についてはQ37で解説をしていますので，そちらをご参照ください。ただし，現状としては，そのような場合の実体法上のデータ開示請求権については統一的見解があるとはいえず，そのような考え方があり得るとしても，規約においてアカウントの相続及びデータ開示を否定するサービスを展開する企業からの（訴訟に至らない）任意の（協力要請レベルでの）開示は容易ではないことが予測されます。

　上記実体法上の議論とは別に，弁護士会照会や訴訟手続における文書送付嘱託申立，文書提出命令申立によるデータの開示請求が検討され得ますが，いずれも一定の手続を伴う簡便とはいえないものとなります。

　このように，規約においてアカウントの相続及びデータ開示が否定されているサービスに関するデータの事後的な開示請求には大きな困難が伴うことが予測されます。

　したがって，相続人へのデータ承継を望む場合には，該当サービスの規約上生前に一定のデータを特定の人物に対して送信することを設定できるようなウェブサービス[3]や，アカウントの相続又は相続人へのデータ開示手続を規約上規定するウェブサービスを選定して利用することが望ましいといえます。

3）Googleアカウントヘルプ「アカウント無効化管理ツールについて」
　https://support.google.com/accounts/answer/3036546?hl=ja

「デジタル遺産」と遺言の作成

　遺言を作成する際，デジタル遺産について，どのような記載を行えばよいでしょうか？

　また，遺言作成について弁護士等の専門家の先生にお願いする場合に，デジタル遺産に関する助言をもらえたりするのでしょうか？

Answer

　デジタル遺産について，それを相続させる又は破棄・処分・削除してほしいという選択により記載は異なるものとなります。

　デジタル機器（有体物）に記録されたオフラインのデジタル遺産について，これを特定の相続人へ相続させたいという場合には，当該デジタル機器について遺産分割方法の指定を行うとともに，そのデジタル機器内に記録されたデジタルデータについても，その帰属を明示記載することが望ましいと考えられます。

　オンラインのデジタル遺産については，アカウント等について規約上相続が可能となっている場合には，当該サービスに関する情報や場合により当該規約により要求される文言の記載を行うことが想定されます。

　その他，利用のサービスに応じて，それを承継した相続人が適切な管理を行うに必要な情報を付言事項として記載する等して伝達することが望ましいといえます。

　デジタル遺産を処分・破棄してほしい場合には，オフラインのデジタル遺産については，データの記憶されたデジタル機器の遺産分割方法の指定を行うとともに，付言事項としてその内部デー

タに関する処分方法の要望を記載する，又はデータ処分・削除等を行うことを負担とした，負担付遺産分割方法の指定又は負担付遺贈とすることが検討されます。詳細については，**Q9**をご参照ください。

オンラインのデジタル遺産については，利用規約に従った処理を遺言の付言事項記載により相続人に依頼する，又は負担付遺産分割方法の指定又は負担付遺贈の利用も検討されますが，**Q10**の解説等のように生前に一定の手当を行うことも検討することが望ましいといえます。

デジタル遺産については，変化のスピードも速く，またこれまで存在しなかったインターネット上のサービスの知識にも関わる分野であり，一般論として，全ての専門家がデジタル当該分野に精通しているわけではないと考えられますので，当該分野に詳しい弁護士等の専門家への相談が望ましいところです。

解　説

まずは，デジタル遺産について，それを相続させたいのか，又は破棄・処分・削除等してほしいのかなど，デジタル遺産を相続時にどのように扱ってほしいかを決定する必要があります。

また，**Q1**においてみたようなデジタル遺産の種類によっても記載方法は異なるところです。

1 デジタル遺産を相続させたい場合

(1) オフラインのデジタル遺産

デジタル機器（有体物）に記録されたオフラインのデジタル遺産について，これを特定の相続人へ相続させたい，あるいは特定人物に遺贈し

たいという場合には，当該デジタル機器について通常の遺言のとおり遺産分割方法の指定又は遺贈の記載を行うとともに，そのデジタル機器内に記録されたデジタルデータについても遺産分割方法の指定又は遺贈の記載を行い，その帰属を明示記載することが望ましいと考えられます。

当該デジタル機器を「相続させる」，「遺贈する」とした場合でも，必ずしも内部の別個独立した権利対象となるデータについても同様に相続，遺贈させるという点が意図あるいは明確化されているとは解釈されない可能性があります。

したがって，内部のデータについても全て相続，遺贈させるという意図である場合には，「当該デジタル機器及びその内部の一切のデータ（知的財産権等の権利の対象となるデータを含むがこれに限らない）は，……」等として明確化することが望ましいと考えられます。

なお，現行法上の明確な権利の客体となり得るデータ以外のデータに対する権利の考え方については，Q3，Q23等もご参照ください。

⑵　オンラインのデジタル遺産

オンラインのデジタル遺産については，アカウント等について規約上相続が可能となっている場合には，当該サービスに関する情報や場合により当該規約により要求される文言の記載を行うことが想定されます（アカウント等について相続が可能であるとの明示がない場合の，アカウント等の相続の可否については，Q37を参照）。

また，クラウドサービスについては，パソコンへのアクセス権がある場合には，元々のユーザー死亡後もファイルにアクセスすることを許可していると解されるものも存在するため（Q29参照），そのようなクラウドサービス上のデータを承継させたい場合には，当該クラウドサービスを利用していたデジタル機器に関する遺産分割方法の指定及びそのパスワード等デジタル機器に適切にアクセスするに必要な情報を記載する

ことが検討されます。

　その他，WEBサイト，アフィリエイト等利用のサービスに応じて，それを承継した相続人が適切な管理を行うに必要な情報を付言事項として記載する等して伝達することが望ましいといえます。

2　デジタル遺産を処分してほしい場合

(1)　オフラインのデジタル遺産

　詳細については，**Q9**を参照していただくこととなりますが，データの記憶されたデジタル機器の遺産分割方法の指定を行うとともに（データ処分を依頼する相続人を指定することが想定されます。），付言事項として，その内部データに関する処分方法の要望を記載することは可能であり，これについて相続人が任意に要望どおりのデータ処分を行うことはあり得ます。また，データ処分・削除等を行うことを負担とした，負担付遺産分割方法の指定又は負担付遺贈とすることも検討されます。

(2)　オンラインのデジタル遺産

　オンライン上のアカウントやデジタルデータの処分に関しても，利用規約に従った処理を遺言の付言事項記載により相続人に依頼する，又は負担付遺産分割方法の指定又は負担付遺贈の利用も検討可能ですが，やはり法的義務とはならないものと考えられますので，**Q10**の解説等のように生前に一定の手当を行うことも検討することが望ましいといえます。

　デジタル遺産については，変化のスピードも速く，またこれまで存在しなかったインターネット上のサービスの知識にも関わる分野であり，一般論として，全ての専門家が当該分野に精通しているわけではないと考えられますので，当該分野に詳しい弁護士等の専門家への相談が望ましいところです。

デジタルデータでの遺言の可否

　私は自分（私有）のパソコン内に死後の財産の分配に関するメモを作成しました。この分配方法で財産を相続させることはできるのでしょうか？

　パソコンやスマートフォンなどデジタル機器を利用し，データとして死後の財産の分配などを記載する形での遺言は可能なのでしょうか？

Answer

　普通方式の遺言には，自筆証書遺言，公正証書遺言，秘密証書遺言の三つの種類があります。現行法上，いずれの遺言においてもワードファイル等のデジタルデータのままでの遺言は認められません。自筆証書遺言について遺言本文をパソコンで作成し，プリントアウトしたものを使うこともできません。

　なお，平成31年1月13日に施行された平成30年法律第72号による改正民法968条2項では，財産目録について，自筆証書と一体として相続財産に関する目録（財産目録）を添付する場合においては，当該目録のページごとに署名及び押印することを要件として，パソコンでの入力が可能とされることとなりましたが，遺言本文については従前のとおりであり，かつ，目録についてもプリントアウトや署名等が前提となっています。

　したがって，現行法上，設問のようなパソコン内のメモは有効な遺言とは認められませんので（任意にそれに従った遺産分割協議を行うことは可能ではありますが。），強制的にメモの内容で相続を実現することはできません。

解　説

　普通方式の遺言には，自筆証書遺言（民法968条），公正証書遺言（同法969条），秘密証書遺言（同法970条）の三つの種類があります。

　自筆証書遺言については，遺言者が，その全文，日付及び氏名を自書し，これに印を押さなければならないとされます（同法968条）。

　公正証書遺言については，公証人による書面作成，並びに遺言者，証人及び公証人の署名・押印等が予定され，秘密証書遺言についても，本人の署名・押印，封印，公証人及び証人の押印が予定されていることから，いずれの遺言方式においてもデジタルデータのままでの遺言は想定されていないところです。

　なお，自筆証書遺言について，近時施行された平成30年法律第72号による改正民法968条２項では，財産目録について，自筆証書と一体として相続財産に関する目録（財産目録）を添付する場合においては，当該目録のページごとに署名及び押印することを要件として，パソコンでの入力が可能とされることとなりましたが，遺言本文については従前のとおりであり，かつ，パソコンで作成した目録についてもプリントアウトや署名等が前提となっており，デジタル機器での作成の許容には限界があります。

　自書が要件とされるのは，筆跡によって本人が書いたものであることを判定でき，それ自体で遺言が遺言者の真意に出たものであることを保障することができるから等と解されますが，パソコン等のデジタル機器においては，誰が当該文章を入力したかが不明であり，被相続人本人の意思であることの確認が困難であるということも，デジタルデータでの遺言が許されていない理由の一つとなり得るものと考えられます。

暗号資産と相続

ビットコイン等の暗号資産を保有しています。
ビットコイン等の暗号資産は，相続対象となりますか？
相続人に適切に相続させるには，どのような準備をしてお
けばよいでしょうか？

Answer

　現行法上，暗号資産自体に対する法的権利の性質は明確とはい
えませんが，「被相続人の財産に属した一切の権利義務を承継す
る」（民法896条）との民法の規定を前提に，所有権をはじめとす
る物権のほか，債権，債務，無体財産権，その他明確な権利義務
といえないものでも，財産法上の法的地位といえるものであれば，
全て包括的に相続の対象となると解されていること，並びに「資
金決済に関する法律」の規定や税務上の取扱い等も踏まえて考え
れば，相続の対象になるものとは考えられます。

　相続人に適切に相続をさせるためには，保有する暗号資産の取
引方式及び管理方式に応じて，利用暗号資産交換業者，利用ウォ
レットの種別，各ID，パスワード，リカバリーフレーズの伝達等
を行う必要があります。

　また，暗号資産の遺産分割方法の指定又は遺贈，暗号資産交換
業者のアカウント（利用契約上の地位）の帰属等について遺言で
明確化しておくことが望ましいものと考えられます。

解　説

1　暗号資産に対する権利の法的性質，相続対象性

　典型的な相続財産としては不動産や銀行預金がまず想起されるところ
です。不動産については，その所有権を相続するということになります
し，銀行預金については，銀行に対する預金債権を相続するということ
になります。相続においては，それらの各権利を相続することになるわ
けですが，まずは，必ずしも一義的に明確でない暗号資産に対する権利
について，現行法上の枠組みの中でどのようなものであるかを検討しま
す。

　暗号資産は，秘密鍵を管理することで排他的支配が可能であり排他的
支配可能性のある財産的価値であるとはいえそうですが，あくまで電磁
的記録であって有体物ではないところです。**Q3**においても述べたよう
に，所有権の客体となる「物」について有形性を要件とする見解からは，
無体物に対して所有権は観念できないことから，暗号資産に対する権利
は所有権ではないといえそうです。下級審裁判例ではありますが，暗号
資産に対する所有権を否定したものがあります（東京地判平成27年8月
5日。暗号資産交換所の破綻に伴い，満足な配当が見込めない破産債権とな
る債権的返還請求権では権利保護として不十分と考えた当該暗号資産交換所
へ暗号資産を預けていた保有者が，暗号資産に対する所有権を主張したこと
に対し，裁判所は所有権の客体となる要件を挙げこれを暗号資産にあてはめ
所有権を否定した裁判例になります。）。

　それでは，債権として暗号資産に対する権利を観念することはできる
でしょうか。

　債権とは，特定の人が特定の人に対して一定の行為を要求する権利で
あるとされます。

　しかしながら，ブロックチェーン技術をその根幹的技術とする暗号資

産については，特定の運営者・発行者がいない分散型のシステムである
ことをその特徴としており，権利を請求する特定の相手方を観念するこ
とができないものであるといえます。

　したがって，暗号資産に対する権利の法的性質は，債権と考えること
も難しいといえるでしょう。

　これまでの暗号資産に関する私法上の法的性質に関する議論としては，
物権又はこれに準ずるものとする見解，財産権とする見解，暗号資産に
財産権等を認めず「ビットコインの保有は，秘密鍵の排他的な管理を通
じて当該秘密鍵に係るアドレスに紐付いたビットコインを他のアドレス
に送付することができる状態を独占しているという事実状態にほかなら
ず，何らの権利または法律関係を伴うものではない」[1] とする見解等[2] が
あります。

　以上のように，現行法上は，暗号資産自体に対する権利の法的性質に
ついては不明確なところがあるといわざるを得ません。

　ここで，現存する法律における暗号資産の定義について見てみると，
「暗号資産」とは，「物品を購入し，若しくは借り受け，又は役務の提供
を受ける場合に，これらの代価の弁済のために不特定の者に対して使用
することができ，かつ，不特定の者を相手方として購入及び売却を行う
ことができる財産的価値（電子機器その他の物に電子的方法により記録さ
れているものに限り，本邦通貨及び外国通貨並びに通貨建資産を除く。次号
において同じ。）であって，電子情報処理組織を用いて移転することがで
きるもの」，「不特定の者を相手方として前号に掲げるものと相互に交換

1 ）西村あさひ法律事務所編『ファイナンス法大全（下）〔全訂版〕』（商事法務，
　　2017）845頁。
2 ）仮想通貨の私法上の法的性質の議論についてまとめたものに，金融法務研究
　　会報告書㉝金融法務研究会「仮想通貨に関する私法上・監督法上の諸問題の検
　　討」（2019年 3 月）
　　　加毛明「第 1 章　仮想通貨の私法上の法的性質―ビットコインのプログラム・
　　コードとその法的評価」など。

を行うことができる財産的価値であって，電子情報処理組織を用いて移転することができるもの」[3] とされています。

　法律の規定上も財産的価値としては認識されていることが分かります。

　また，民法の定める相続に関する原則は「被相続人の財産に属した一切の権利義務を承継する」（民法896条）とするものであり，「所有権をはじめとする物権のほか，債権，債務，無体財産権，その他明確な権利義務といえないものでも，財産法上の法的地位といえるものであれば，全て包括的に相続の対象となる」[4] と解されています。

　さらに，実務的な話として，暗号資産の税法上の話ではありますが，平成30年３月23日に行われた参議院の財政金融委員会において，「まず，仮想通貨の相続時の課税関係についてでございますが，相続税法では，個人が金銭に見積もることができる経済的価値のある財産を相続又は遺贈により取得した場合には，相続税の課税対象となるとされております。仮想通貨については，資金決済に関する法律上，代価の弁済のために不特定の者に対して使用することができる財産的価値と規定されておりますので，相続税が課税されることになるわけでございます。」[5] との国税庁次長による答弁があり，仮想通貨についての相続が前提として想定さ

３）資金決済に関する法律２条
　　１～４　（略）
　　５　この法律において「仮想通貨」とは，次に掲げるものをいう。
　　　一　物品を購入し，若しくは借り受け，又は役務の提供を受ける場合に，これらの代価の弁済のために不特定の者に対して使用することができ，かつ，不特定の者を相手方として購入及び売却を行うことができる財産的価値（電子機器その他の物に電子的方法により記録されているものに限り，本邦通貨及び外国通貨並びに通貨建資産を除く。次号において同じ。）であって，電子情報処理組織を用いて移転することができるもの
　　　二　不特定の者を相手方として前号に掲げるものと相互に交換を行うことができる財産的価値であって，電子情報処理組織を用いて移転することができるもの
４）内田貴『民法Ⅳ親族・相続（補訂版）』（東京大学出版会，2004）357頁。
５）第196回国会・財政金融委員会第６号
　　http://kokkai.ndl.go.jp/SENTAKU/sangiin/196/0060/19603230060006a.html

れた上で，相続税が課税されるとの見解が示されています。

　以上のような点からも，実務上暗号資産が相続の対象となること自体にはあまり争いがないものと思われます[6]。

　なお，一般的な暗号資産保有者は暗号資産の保有について，暗号資産交換業者を通じた取引によることが圧倒的に多いといえるでしょう。その場合の暗号資産取引については，暗号資産交換業者に対する債権的請求権（暗号資産交換業者に対する暗号資産の返還請求権）を観念でき，その権利を相続するということは当然想定されます。

　実際にも，後記2において述べるように，相続手続に関するQ&Aを準備し公開している暗号資産交換業者も存在するところであり，暗号資産交換業者を通じた暗号資産保有については，その手続に沿って相続手続を行うことになるでしょう。

② 具体的な相続の方法

　暗号資産は割り当てられたアドレスからアドレスへ送金を行いますが，その送金を可能とする秘密鍵を管理することにより暗号資産を管理します。そして，秘密鍵はウォレットで管理を行います。

　ウォレットには，デスクトップウォレット（PC端末用のウォレット），ウェブウォレット（WEB上のウォレット），モバイルウォレット（スマートフォン等の携帯端末用のウォレット），ペーパーウォレット（紙に印刷されたウォレット），ハードウェアウォレット（USBメモリのような形状であることが多い専用ウォレット端末）等の様々な形式があります。

6）「仮想通貨の私法上の位置付けの総論的な説明方法が異なるとしても，仮想通貨が相続の対象となることは否定し得ないものと考えられる」とするものに，金融法委員会「仮想通貨の私法上の位置付けに関する論点整理」（2018年12月12日）21〜22頁。

　いずれのウォレットの形式においても，相続人に暗号資産を的確に相続させるためには，利用ウォレットの種別，各ID，パスワードやリカバリーフレーズ，及びハードウェアウォレットについては保管場所等をメモし伝達をすることで，スムーズな相続が可能となると考えられます。

　特にウォレットの中でもハードウェアウォレット（専用ウォレット端末）やペーパーウォレットでの保有については，相続人に対して保管場所やハードウェアウォレット・ペーパーウォレットでの暗号資産の保有を何も伝えていない場合には，そもそも暗号資産保有の事実にすら相続人に気付かれることなく，永久に保有者のいない暗号資産となってしまう恐れもあるものと考えられます。

　他方で，暗号資産交換業者のアカウントについては，取引開始時における故人の銀行口座からの資金移動の記録等から取引が判明し，また，暗号資産交換業者自体が相続に関する手続を設けている場合[7]がありますので，比較的発見されやすいものと考えられます。暗号資産交換業者のアカウントへのログインパス等の紛失については，暗号資産交換業者において復元のための手続方法を設定している場合も少なくないところです。

　ウェブウォレットについては，IDについて登録時に送信されるメールからの探知が考えられ，ログインパスワードについてはリカバリーフレーズ（その他，リカバリーパスフレーズ，復元フレーズ，復元パスなど呼称は様々であるようです。）にて復元することができるような仕組みであるものが多いようです。

　ところで，前述の平成30年3月23日に行われた参議院の財政金融委員

7）bitFlyerホームページ＞FAQ＞その他「相続手続きについて教えてください。」
　https://bitflyer.com/ja-jp/faq/9-27
　Coincheck＞よくある質問「相続手続きについて教えてください」
　https://faq.coincheck.com/s/article/60300?language=ja

会における国税庁次長の答弁においては，「パスワードとの関係でござ
いますが，一般論として申し上げますと，相続人が被相続人の設定した
パスワードを知らない場合であっても相続人は被相続人の保有していた
暗号資産を承継することになりますので，その暗号資産は相続税の課税
対象となるという解釈でございます。」との見解も示されています。

　その理由としては，「パスワードを知っている，知っていないという
ようなパスワードの把握の有無というのは，当事者にしか分からない，
いわば主観の問題……その真偽を判定することは困難……相続人の方か
らパスワードを知らないという主張があった場合でも，相続税の課税対
象となる財産に該当しないというふうに解することは課税の公平の観点
から問題があり，適当ではないというふうに考えております。」との答
弁がなされています。

　今後の実務動向については不透明ではありますが，実際に実務におい
てもそのような運用がなされるとすれば，秘密鍵を管理するパスが不明
である場合には，相続人は暗号資産の送金・管理等ができないにもかか
わらず，場合によっては相続税のみ課税されるというような結論にもな
りかねません。

　この観点からも，相続人への適切な承継対策が望まれます。

WEBサイトの権利の性質と相続

私は人気のあるWEBサイトを製作・更新・運営しています。

このようなWEBサイトも相続の対象となるのでしょうか？

相続人にスムーズにWEBサイトを相続させるためには，事前にどのような準備をすればよいでしょうか？

Answer

　WEBサイトの構成要素となるデジタルデータは無体物として，所有権の客体となる「物」について有形性を要件とする見解からは，これらに対する法的権利は所有権とは考えられないところではありますが，著作権等の知的財産権の対象となるデータについては，その知的財産権が相続の対象となると考えられます。また，被相続人が作成・管理していた必ずしも知的財産権の対象とならないデータについても，WEBサイトデータを存置させるためのサーバとの契約上の地位と併せて，**Q23**においても触れる「データに適法にアクセスし，その利用をコントロールできる事実上の地位」というような意味において，事実上これを包括的に承継すると考えることも不可能ではないかもしれません。

　相続人にスムーズにWEBサイトを相続させるためには事前に，あるいは遺言書等で，自身が管理するWEBサイト及びその管理に必要な一切の情報，アフィリエイト広告等の関連サービスに関する一切の情報を相続人に伝達することが必要と考えられます。

　また，該当するWEBサイトの構成データのうち自身に権利が

　　直接に帰属していないものが存在する場合には，各コンテンツの
　　帰属主体，契約上ライセンス利用しているのであれば，その契約
　　相手方・契約内容を記録に残す等して相続人に伝達することも必
　　要となるでしょう。

　　　　　　　　　　　　　　　解　説

1 設問の背景

　近時WEBサイトに少なくない財産的価値が発生しています。これま
でには存在しなかった新たな財産として，相続の検討対象となるものと
考えられます。

　WEBサイトの売買を仲介する企業も存在し，数億円での売却の事例
等も存在するようです。WEBサイトの価格は，例えば，当該サイトが
毎月獲得する利益から，月収益額×18か月等の算定のように決定されて
います。

　ここで，WEBサイトの収益は，広告収益，マッチングサービス[1] やア
フィリエイト[2] の手数料・報酬による収益，サービスやコンテンツ利用
に対する課金からの収益など様々です。

　広告収益は，WEBサイトへユーザーを集め広告掲載を行い，広告主
からの広告費用により収益を得るというものです。

　マッチングサービスやアフィリエイトの手数料・報酬による収益は，
サービス等の掲載主からサイトへの誘導，資料請求，問合せ等の発生を

---

1) 企業・フリーランス等の業務を結びつけるクラウドソーシングサービス等々，
　　BtoB・BtoC・CtoCを問わずあらゆるマッチングのプラットフォームを提供する
　　ことで，利用料や成約手数料等の収益を上げるサービス。
2) Q39においても説明していますが，アフィリエイト広告とは，「販売事業者の
　　サイトへのリンク広告を貼るサイトに対し，リンク広告のクリック回数等に応じ
　　た報酬が支払われる広告手法」等と定義されます。

もって成果として課金される方式と，売買契約，サービス契約の締結等の取引の成立をもって課金される方式とがあり，それらにより収益を上げるものとなります。

　サービスやコンテンツ利用に対する課金からの収益は，文字どおり，当該サイトによる有益な情報やサービス提供の対価を得ることで収益を上げる方式となります。

　いずれにせよ，それら収益は月数十万，数百万といった利益をも生み得るものとなっており，相続の局面においても無視できない財産的価値を有するものといえるでしょう。

2　WEBサイトの権利の性質

　WEBサイトはデジタルデータとしてサーバに存置され公開されます。デジタルデータは無体物ですので，Q3で説明のとおり，民法上の「物」について有形性を要件とする見解からは，WEBサイトのデジタルデータに対する法的権利は所有権とは考えられないところです。

　ここで，WEBサイトは，全体的なレイアウト・デザイン，文章部分，写真・画像部分，及び映像・音声コンテンツ等の集合体であることが通常です。

　そして，全体的なレイアウトやデザインは編集著作物（著作権法12条1項）[3] として，文章部分は言語の著作物（同法10条1項1号），写真・画像部分は写真の著作物等（同法10条1項8号・4号），音声コンテンツは

3）著作権法
　（編集著作物）
　12条　編集物（データベースに該当するものを除く。以下同じ。）でその素材の選択又は配列によつて創作性を有するものは，著作物として保護する。
　2　前項の規定は，同項の編集物の部分を構成する著作物の著作者の権利に影響を及ぼさない。

音楽の著作物（同法10条１項２号）等[4]として，それぞれ著作権の対象と
なり得るものと考えられます。

　したがって，無体物としてのWEBサイトのデジタルデータに対する
法的権利として，まずは著作権が想定され，それらの著作権を相続する
ことが可能であると解されます。

　もっとも，例えば，著作権法上編集著作物として保護されるためには，
素材の選択又は配列によって創作性を有するものという点が要件とされ
ており，また，著作物一般の要件として「思想又は感情を創作的に表現
したものであって，文芸，学術，美術又は音楽の範囲に属するもの」
（著作権法２条１項１号）であることが求められ，必ずしもWEBサイト
の全構成要素が著作権上の保護を受けるとは限らない点には注意が必要
ではあります。

　ただし，明確な権利義務といえないものでも，財産法上の法的地位と
いえるものであれば，全て包括的に相続の対象となると解されていると
ころ，必ずしも著作権の対象とならない，被相続人が作成・管理してい
たデータについても，WEBサイトデータを存置させるためのサーバ・

4）著作権法
　（著作物の例示）
　10条　この法律にいう著作物を例示すると，おおむね次のとおりである。
　一　小説，脚本，論文，講演その他の言語の著作物
　二　音楽の著作物
　三　舞踊又は無言劇の著作物
　四　絵画，版画，彫刻その他の美術の著作物
　五　建築の著作物
　六　地図又は学術的な性質を有する図面，図表，模型その他の図形の著作物
　七　映画の著作物
　八　写真の著作物
　九　プログラムの著作物
　2　事実の伝達にすぎない雑報及び時事の報道は，前項第１号に掲げる著作物に
　　該当しない。
　3　第１項第９号に掲げる著作物に対するこの法律による保護は，その著作物を
　　作成するために用いるプログラム言語，規約及び解法に及ばない。この場合に
　　おいて，これらの用語の意義は，次の各号に定めるところによる。

プロバイダとの契約上の地位（レンタルサーバ業者やプロバイダとの間の契約の承継の可否については後記3を参照）と併せて，**Q23**においても触れる「データに適法にアクセスし，その利用をコントロールできる事実上の地位」というような意味において，事実上これを包括的に承継すると考えることも不可能ではないかもしれません。

　なお，それらWEBサイトの構成要素のデータについて，特定の契約条件に基づくライセンスを受けて使用しているものである等，必ずしも被相続人自身に権利が帰属しているものでないことも少なくないため注意が必要となります。

３　レンタルサーバやプロバイダ契約の相続の可否

　次にWEBサイトのデジタルデータを公開するためのレンタルサーバ業者やプロバイダ（プロバイダがWEBサイト公開スペースを提供している場合等）との間の契約関係が相続人に相続されるかも別途問題となります。

　相続の場面においては，相続人は被相続人の財産に属した一切の権利義務を承継する（民法896条）ものとされており，基本的には一切の権利義務を承継することが原則とされています。ただし，被相続人の一身に専属したものは，この限りでない（同法896条ただし書）ともされるため，レンタルサーバ業者やプロバイダとの間の契約が一身専属的なものかという点が問題となるでしょう。

　契約自由の原則のもと一身専属的（相続人には相続されない）とする規約であれば，基本的にはその規約をもって当事者の意思となり（適切に規約が契約へと組み入れられている限り）[5]，それに従った結論になるものと考えられます。

5）規約の契約への組入れ要件については**Q45**参照。

　もっとも，**Q45**においても述べるとおり，契約自由の原則にも限界は存在し，規約の修正の可能性はあり得ます。

　次に，明確な規約が存在しない場合についてですが，前提として一身専属的な権利義務とは使用貸借契約における借主の地位（民法599条），委任契約の委任者・受任者の地位（同法653条）等，それが法定されているもののほか，扶養請求権，生活保護受給権，代替性のない債務等のように解釈上一身専属的権利義務として相続から除かれる権利があるとされています。このように，解釈上一身専属的契約とされるものが想定し得るところであり，あとは契約の内容等の個別具体的事情から該当の契約が性質上一身専属的といえるか否かの検討を行うことになると考えられます。

　実際の規約を概観すると，レンタルサーバについては相続を認める規約を置いているサービスも見られます[6]。また，プロバイダについても，名義変更・承継を可能とするサービスが少なくないように見受けられます[7]。無論，相続を否定する規約を有するサービスも存在すると思われます。

　また，ユーザー死亡時の契約の相続の取扱いについて，明確な規定を置いていないサービスも存在するものと思われますが，そのような場合でも，問合せを行うことにより相続が可能であるサービスも存在すると考えられます。したがって，事前にコンテンツ提供企業の適切な問合せ

6）さくらインターネット株式会社「基本約款第9条（相続）」参照。
　　https://www.sakura.ad.jp/agreement/[a]yakkan0_kihon.pdf
　　クラウド型レンタルサーバー「mixhost」などを提供するアズポケット株式会社の「基本規約第9条（相続）」参照。
　　https://www.azpocket.co.jp/agreement/kihon
7）So-netホームページ＞会員サポート「So-netの登録名義を変更したい」
　　https://support.so-net.ne.jp/supportsitedetailpage?id=000011271
　　OCNマイページ＞会員サポート＞OCN会員サポート＞OCNのお問い合わせ「ご契約者の名前変更（承継・改称・譲渡）」
　　https://mypage.ntt.com/ksupport/ocn/da/shokei.html

　窓口に対して，相続発生時のアカウントの相続の可否について問合せを行うことも検討してよいと考えられます。

　なお，レンタルサーバやプロバイダへの費用の支払については，クレジットカード凍結等により滞りが発生しないように注意する必要もあるものと考えられます。費用の支払の不履行は，上記契約の一身専属性の問題とは別途，解除条件等となっている可能性があるためです。

　相続人にスムーズにWEBサイトを相続させるためには事前に，あるいは遺言書等で，自身が管理するWEBサイト，管理ツールの詳細，契約サーバ，プロバイダ等の情報，必要なID・パスワード，アフィリエイト広告を行っている場合には利用ASP（アフィリエイト・サービス・プロバイダ）や直接契約の広告主，使用銀行口座等の情報を相続人に伝達することが必要と考えられます。

　また，上記のとおり，該当のWEBサイトの構成データのうち自身に権利が直接に帰属していないものが存在する場合には，各コンテンツの帰属主体，契約上ライセンス利用しているのであれば，その契約相手方・契約内容を記録に残す等して相続人に伝達することも必要となるでしょう。

ブログのアカウントの相続

私は人気のあるブログを製作・更新・運営しています。
相続人にブログのアカウントを相続させることはできるで
しょうか？

Answer

　相続人は被相続人の財産に属した一切の権利義務を承継する
（民法896条）ものとされており，基本的には一切の権利義務を承
継するとされますが，被相続人の一身に専属したものは，この限
りでない（同法896条ただし書）ともされるため，ブログの利用契
約が一身専属的なものかという点が問題となります。

　適切に規約が契約に組み入れられている限り，契約自由の原則
のもと一身専属的（相続人には相続されない）とする規約であれば，
基本的にはその規約をもって当事者の意思となり，ブログのアカ
ウントを相続させることは難しいと考えられます（契約自由の原
則の限界については，**Q45**参照）。

　明確な規約が存在しない場合については，契約の内容等個別具
体的事情から該当の契約が性質上一身専属的といえるか否かの検
討を行うことになると考えられます。

解　説

1　設問の背景

　自らの趣味等の情報発信などを目的として利用が開始されたと考えら
れるブログですが，現在では，アフィリエイト広告（販売事業者のサイ

ト〜のリンク広告を貼るサイトに対し，リンク広告のクリック回数等に応じた報酬が支払われる広告手法等と定義されます。）のベースとしての利用（アフィリエイト広告で収益を上げるためには，多数の訪問・アクセスが見込まれるWEBサイトやブログ等が必要となります。）により，多くの収益（割合としては非常に少数ながら月100万円を超える収益を上げるブログも存在するようです。）を獲得するなど，大きな経済的価値の存在するブログも存在します。そのような収益を生むブログについて，これを相続財産の一つとして相続人へと相続させたいというような要請も存在するものと考えられます。

２　ブログアカウントの相続の可否

　相続の場面においては，相続人は被相続人の財産に属した一切の権利義務を承継する（民法896条）ものとされており，基本的には一切の権利義務を承継することが原則とされています。ただし，被相続人の一身に専属したものは，この限りでない（同法896条ただし書）ともされるため，ブログの利用契約が一身専属的なものかという点が問題となるでしょう。

　適切に規約が契約に組み入れられている限り，契約自由の原則のもと一身専属的（相続人には相続されない）とする規約であれば，基本的にはその規約をもって当事者の意思となり，[1]ブログのアカウントを相続させることは難しいと考えられます。

　もっとも，Q45においても述べるとおり，契約自由の原則にも限界は存在し，規約の修正の可能性はあり得ます。

　次に，明確な規約が存在しない場合についてですが，前提として一身

1）規約の契約への組入れ要件についてはQ45参照。

専属的な権利義務とは使用貸借契約における借主の地位（民法599条），委任契約の委任者・受任者の地位（同法653条）等，それが法定されているもののほか，扶養請求権，生活保護受給権，代替性のない債務等のように解釈上一身専属的権利義務として相続から除かれる権利があるとされています。このように，解釈上一身専属的契約とされるものが想定し得るところであり，あとは契約の内容等の個別具体的事情から該当の契約が性質上一身専属的といえるか否かの検討を行うことになると考えられます。

③ 実際の規約の概観

　いくつかのブログサービスの規約を概観すると，コンテンツ提供企業の各サービス全体に通じる規約中においてサービス提供を受ける権利が一身専属的であることを明示するものや，他方で，ブログを含めた提供サービスのアカウントについて一定の相続を認めるものも存在するようです[2]。また，会員の死亡がサービスの退会事由となり得るとされているもの[3]については，アカウントの相続は難しいところと考えられます。

　その他，複数人にブログの編集権限を設定することが可能となるサービスも存在し[4]，そのような設定の利用が一定の相続対策となり得るとも思われます。

　ただし，現状のところ，上記のように何らか具体的な規定が置かれて

2）BIGLOBEホームページTOP＞各種手続き「契約者が亡くなった場合の手続き」には，配偶者，二親等以内の法定相続人への相続手続について説明があります。https://support.biglobe.ne.jp/jimu/keiyaku/shoukei.html
3）Amebaヘルプ＞利用規約＞Ameba利用規約（第8条3項）では，会員の死亡時には，サービスの全部又は一部の利用停止，退会処分等の措置ができるものとされています。https://helps.ameba.jp/rules/post_104.html
4）Bloggerヘルプ「ブログに対する権限を制御する」https://support.google.com/blogger/answer/42673?hl=ja

いるもののはかは，多くはユーザー死亡時のアカウントの相続の取扱い
について明確な規定を置いていないものが多いのではないかと思われま
す。そのようなブログサービスについては，個別具体的な規約内容等の
取決めから一身専属的な契約であると解されるか否かが判断されること
となります。これについて，相続をさせたい者の実務的対応としては，
規約内容の解釈の結論が不透明な場合，相続発生時に相続人がコンテン
ツ提供企業に相続手続を要請したとしても，これに任意に応じない場合
には，訴訟の提起等が必要となり，また，訴訟の結果自体も不透明性が
残ることとなることから，端的に相続可能なブログサービスを利用する
ことが望ましいところかもしれません。その他，事前にコンテンツ提供
企業の適切な問合せ窓口に対して，相続発生時のアカウントの相続の可
否について問合せを行うことも検討してよいと考えられます。

外国法人のサービス提供企業に対する訴訟と国際裁判管轄

　私は個人ユーザーですが，あるコンテンツサービスについて情報の開示等の交渉を行いましたが，サービス提供企業がこれに応じません。

　そこで訴訟による解決も検討したいところ，当該サービス提供企業は外国法人であるのですが，日本の裁判所に訴訟を提起することは可能でしょうか？

　また，当該コンテンツサービスの規約に，日本ではない国外の裁判所の専属的管轄合意の規定がある場合で結論が異なるでしょうか？

Answer

　国際裁判管轄の問題となりますが，当該外国法人の事務所・営業所の存否，当該コンテンツサービスの日本語版での提供の有無等の具体的事実に応じて，民事訴訟法3条の3第4号，同条5号，同法3条の4等の規定に基づき，日本の裁判所の管轄権が認められ，訴訟提起・遂行が可能となる可能性があります。

　国外の裁判所に専属的合意管轄が存在する場合にも，当該ユーザーが事業として又は事業のために契約の当事者となる場合におけるものを除いた個人である限りにおいて，当該サービス利用開始の時点においても日本に居住していた場合には，当該管轄合意条項の効力が否定され，上記同様の根拠により日本の裁判所の管轄権が認められ訴訟提起・遂行ができる可能性があると考えられます。

　訴訟提起が可能であるとしても，送達の問題，及び裁判上の和解等が期待できないような場合において判決による決着となる場合の外国法人への判決の執行の問題等が発生し得ることには注意

が必要となります。

解　説

1　国際裁判管轄

　本Qは，本件のように外国法人に対する訴訟の提起の場合等，国際的な要素を有する民事訴訟事件について日本の裁判所が管轄権を有するかという国際裁判管轄の問題となります。

　民事訴訟法においては，この国際裁判管轄について，被告の住所が日本国内に存在する場合には日本の裁判所が管轄権を有する（同法3条の2第1項）等，規定を置いています。

　本Qでは，被告となるコンテンツサービス提供企業が外国法人であるため，被告法人の住所地を根拠とした管轄の認定は難しいものと考えられますが，サービス提供企業の事務所・営業所が日本国内に存在する場合の管轄規定，事業遂行地の管轄規定，又は消費者契約に関する管轄規定により日本の裁判所の管轄権が認められる可能性があります。

　まず，サービス提供企業の事務所・営業所が日本国内に存在する場合には，当該事務所・営業所における業務に関する訴えについて，日本の裁判所の管轄権が認められるとされています（民事訴訟法3条の3第4号[1]）。これは，その取り扱う業務に関する証拠は，まさにその業務を

1）民事訴訟法3条の3
　　次の各号に掲げる訴えは，それぞれ当該各号に定めるときは，日本の裁判所に提起することができる。

四　事務所又は営業所を有する者に対する訴えでその事務所又は営業所における業務に関するもの	当該事務所又は営業所が日本国内にあるとき。
五　日本において事業を行う者（日本において取引を継続してする外国会社（会社法（平成17年法律第86号）第2条第2号に規定する外国会社をいう。）を含む。）に対する訴え	当該訴えがその者の日本における業務に関するものであるとき。

扱う事務所・営業所に存在することが予測されること，その業務につい
て当該事務所・営業所所在地で訴訟が提起されることは当該事業者に
とって不意打ちとはいえないと考えられること等を理由としています。

　本Qにおいても，当該個人ユーザーが使用していたサービスについて，
当該サービス提供企業が日本に事務所・営業所を置いて，当該サービス
関連業務を行っている場合には，本規定（民事訴訟法3条の3第4号）に
より日本の裁判所の管轄権が認められ，日本での訴訟提起・遂行が可能
となると考えられます。

　次に，当該サービス提供企業が日本に事務所・営業所を有していない
場合においても，日本において事業を行う者に対する訴えとして，当該
訴えがその者の日本における業務に関するものであることを条件に日本
の裁判所の管轄権が認められる可能性があります（同法3条の3第5号）。

　インターネット上のコンテンツサービスについて，外国法人が運営を
行っており日本からもアクセスが可能である場合について，本号の適用
が問題となるところですが，例えば，当該WEBサイトが日本語で記載
されている場合には，WEBサイトを通じて日本から申込みをすること
ができないようにされているなど特段の事情のない限り，それは日本に
おいて事業を行っていると解され[2]本号の適用の可能性があると考えら
れます。なお，「日本において事業を行う」の認定については，各事案
ごとの個別具体的事情による認定となり，日本語版のサイトがあること
はその一つの事情とは言えますが，必ずしもその一点のみが問題とされ
るわけではないと考えられます。

　さらに，消費者と事業者との間で締結される契約に関する消費者から
の事業者に対する訴えは，訴えの提起の時又は消費者契約の締結の時に
おける消費者の住所が日本国内にあるときは，日本の裁判所に管轄権が

2）秋山幹男・伊藤眞・加藤新太郎ほか著『コンメンタール民事訴訟法1　第2
　版追補版』（日本評論社，2014年）604頁。

認められる可能性があります（民事訴訟法３条の４）。ここで，「消費者」
とは，事業として又は事業のために契約の当事者となる場合におけるも
のを除いた個人をいうものとされます（同法同条）。

２　専属的管轄合意規約が存在する場合の国際裁判管轄

　外国法人が提供するコンテンツサービスについて，国外の裁判所に専
属的合意管轄が存在するとき，仮に日本の裁判所が国外の裁判所を指定
する専属的合意管轄という内容に拘束されるとすれば，当該個人ユー
ザーが日本の裁判所に訴訟を提起したとしても，当該訴えは却下される
ことになりそうです。
　しかしながら，民事訴訟法３条の７第５項[3]をみると，消費者契約[4]
に関する国際裁判管轄については特別な規定が存在し，消費者契約に関
する国際裁判管轄の合意は，①消費者契約の締結の時において消費者が

3）民事訴訟法３条の７第５項
　　将来において生ずる消費者契約に関する紛争を対象とする第１項の合意は，次
　に掲げる場合に限り，その効力を有する。
　　一　消費者契約の締結の時において消費者が住所を有していた国の裁判所に訴
　　　えを提起することができる旨の合意（その国の裁判所にのみ訴えを提起する
　　　ことができる旨の合意については，次号に掲げる場合を除き，その国以外の
　　　国の裁判所にも訴えを提起することを妨げない旨の合意とみなす。）である
　　　とき。
　　二　消費者が当該合意に基づき合意された国の裁判所に訴えを提起したとき，
　　　又は事業者が日本若しくは外国の裁判所に訴えを提起した場合において，消
　　　費者が当該合意を援用したとき。
4）「消費者契約」の定義については，民事訴訟法３条の４に定義があり，本Qにお
　いても，一般個人ユーザーは当該消費者に該当することを前提に検討しています。
　民事訴訟法３条の４
　　消費者（個人（事業として又は事業のために契約の当事者となる場合における
　ものを除く。）をいう。以下同じ。）と事業者（法人その他の社団又は財団及び事
　業として又は事業のために契約の当事者となる場合における個人をいう。以下同
　じ。）との間で締結される契約（労働契約を除く。以下「消費者契約」という。）
　に関する消費者からの事業者に対する訴えは，訴えの提起の時又は消費者契約の
　締結の時における消費者の住所が日本国内にあるときは，日本の裁判所に提起す
　ることができる。

住所を有していた国の裁判所に訴えを提起することができる旨の合意である場合（同項1号），及び②消費者が当該合意に基づき合意された国の裁判所に訴えを提起したとき，又は事業者が日本若しくは外国の裁判所に訴えを提起した場合において，消費者が当該合意を援用した場合（同項2号）にのみ有効とされています。

したがって，本Qの事例において，当該個人ユーザーが事業として又は事業のために契約の当事者となる場合におけるものを除いた個人である限りにおいて，当該サービス利用開始の時点においても日本に居住していた場合には，国外の裁判所を指定する専属的合意管轄の規約が存在したとしても，[5] 当該合意条項の効力は否定され，先に検討したように，民事訴訟法3条の3第4号・5号，3条の4等を根拠として日本の裁判所の管轄権が認められ訴訟提起・遂行ができる可能性があると考えられます。

以上のように，本Qのような事例においても，日本の裁判所での訴訟提起・遂行が可能な可能性がありますが，その場合においても，送達の問題，及び裁判上の和解等が期待できないような場合において判決による決着となる場合の外国法人への判決の執行の問題等が発生し得ることには注意が必要となります。

5）そもそも，規約が契約内容となるかという問題（規約の契約への組入れの問題）は別途となります。**Q45**参照。

デジタル機器内のデータ削除後の復元の可能性

　パソコンやスマートフォンであらかじめ処分したいデータを削除しました。
　通常の削除では後になってデータ復元などがされてしまうのでしょうか？

Answer

　いわゆる一般ユーザーの行うデータの「削除」では，単にOSの通常の検索方法で検索ができない状態になっているにすぎず，削除した文章，画像等のデジタルデータファイル自体はまだパソコン，スマートフォン内に存在していることが多いといえます。

　したがって，この一般的な「削除」により処理されたとしても，デジタルフォレンジックによる解析によって，通常の操作で確認することができる状態，すなわち「復元」できる可能性があります。

　一般的な「削除」による処理がなされたデータが，どの程度デジタル機器内にデータが残存しているかは，当該デジタル機器の記憶装置の容量等によることとなり，記憶容量が大きければ，上書き削除がなされず長期間残存している可能性が高くなり，記憶容量が小さければ残存の可能性も低くなります。

解　説

　いわゆる一般ユーザーの行うデータの「削除」では，単にOSの通常の検索方法で検索ができない状態になっているにすぎず，削除した文章，画像等のデジタルデータファイル自体はまだパソコン，スマートフォン

内に存在していることが多いといえます。

　したがって，この一般的な「削除」により処理されたとしても，デジタルフォレンジックによる解析によって，通常の操作で確認することができる状態，すなわち「復元」できる可能性があります。

　一般的な「削除」による処理がなされたデータが，どの程度，デジタル機器内にデータが残存しているかは，当該デジタル機器の記憶装置の容量等によることとなります。すなわち，記憶容量が大きければ，期間の経過に伴う記憶領域の消費にもかかわらず，上書き削除がなされず長期間残存している可能性が高くなり，記憶容量が小さければ残存の可能性も低くなるということです。

　特に近時メモリの大容量化が進んでおり，データが残存する傾向はあるのではないかと考えられます（もっとも，同時にパスワード等の入り口部分でのセキュリティが強化されており，必ずしもデジタルフォレンジックによる成果が発生しやすいというわけでもないところではありますが）。

　なお，情報セキュリティの観点から，デジタルフォレンジックをされないための対策として，データ削除ソフトウェアというものも存在します[1]。

　残したくないデータについては，必要に応じて，このようなソフトウェアを使用することも検討可能と考えられます。

1）「ファイル消去／電子データシュレッダー®2」
　https://bizstore.aosdata.co.jp/?page_id＝212
　※いかなるレベルでの消去（完全にデジタルフォレンジック不可能か否か等）が可能かについては，各ソフトウェアメーカーに確認を行う必要があります。

第**3**章

相続人等からの相談

「デジタル遺産」の調査の時期

「デジタル遺産」を調査するタイミングは，いつがよいですか？

Answer

デジタル遺産を調査するタイミングについては，障害のない限り，可能な限り早めの調査が望ましいと考えられます。

特に暗号資産やFX取引アカウント等の市場の動向次第では財産価値の大きな変動をもたらす可能性があるデジタル遺産，また，アフィリエイトアカウントのように利用者側にも何らかの義務があることが想定されるデジタル遺産等も存在するため，早い調査が望ましいといえます。

その他，著作権，その他知的財産権等の対象となるデータについては，一般的に緊急調査の必要性までは想定されないものの，デジタル機器自体の所有権とは別個の権利の対象となるデータの存在の有無の確認等（遺産分割協議に影響を与え得ると考えられます。）の意味も含め，併せてできるだけ早い調査をしておくことが望ましいところでしょう。

上記のようなアカウント等オンラインのデジタル遺産の存否の調査においても，調査対象はパソコンやスマートフォン等の有体物であるデジタル機器に及ぶことが通常であり，相続人が複数おり，それらデジタル機器について共有状態となっている遺産分割協議完了前である場合には各相続人合意のもと，調査を進めることが望ましいといえます。

解　説

　デジタル遺産を調査するタイミングについては，障害のない限り，可能な限り早めの調査が望ましいと考えられます。生前に被相続人との間の会話等で存在が予測されるデジタル遺産の種類によってもそのタイミングを検討することもよいでしょう。

　例えば，暗号資産やFX取引アカウント等については，市場の動向次第では財産価値の大きな変動をもたらす可能性もありますので，できるだけ早めにその存在の有無について調査を行うことが望ましいといえます。

　また，アフィリエイトアカウントのように利用者側にも何らかの義務があることが想定されるデジタル遺産についても早めの調査が望ましいといえるでしょう。

　この点，調査という観点に固定していえば，被相続人の生前に本人よりそれらデジタル遺産の存在や必要な情報を聞いておくことが望ましいといえますが，生前に相続人側からそのような話をすることは難しいことも多々想定されます。

　したがって，本人が亡くなるまでは調査は難しいという前提で検討すれば，やはり本人が亡くなられてから可能な限り早く暗号資産，FX取引アカウント，アフィリエイト契約等の存在の確認は行うことが望ましいといえます。存在探知の端緒としては，各取引について支払・入金が関連することから，銀行口座取引履歴，クレジットカード取引履歴等が想定されます。

　上記のようなアカウント等オンラインのデジタル遺産の存否の調査においても，調査対象はパソコンやスマートフォン等の有体物であるデジタル機器に及ぶことが通常であり，相続人が複数いて，それらデジタル機器について共有状態となっている遺産分割協議完了前である場合には各相続人の合意のもと，調査を進めることが望ましいといえます。

その他，パソコンやスマートフォン等のデジタル機器に記録されている写真，文章等の著作権，その他知的財産権等の対象となるデータについては，先ほどの進行性の取引アカウントや義務の存在が想定されるアカウント等に比して，一般的には緊急調査の必要性までは想定されないものの，デジタル機器自体の所有権とは別個の権利の対象となるデータの存在の有無の確認等（遺産分割協議に影響を与え得ると考えられます。）の意味も含め，併せてできるだけ早い調査をしておくことが望ましいところでしょう。

なお，遺産分割協議完了前の共有状態にあるデジタル機器に対する各調査行為の可否については，**Q27**をご参照ください。

22 「デジタル遺産」の調査方法

デジタル遺産の調査のタイミングは分かりました。

次に，デジタル遺産については，どのように調査すればよいでしょうか？

Answer

　　デジタル遺産の調査については，各デジタル遺産の種類によっても調査対象が異なり得るところではありますが，やはり最も情報が集約されているといえるのは，パソコン，スマートフォン，タブレット等のデジタル機器であるのが通常です。

　　調査対象箇所は，各インターネット上のサービス専用のアプリケーション・ソフトウェア，ブラウザのブックマーク・履歴，メール（メールについてはQ40参照）等が検討されます。

　　その他，利用料金の支払に関連してクレジットカード明細，銀行口座明細，確定申告書類等も調査対象となり得るでしょう。

解　説

　デジタル遺産の調査については，各デジタル遺産の種類によっても調査対象が異なり得るところではありますが，やはり最も情報が集約されているといえるのは，パソコン，スマートフォン，タブレット等のデジタル機器であるのが通常です。

　なお，それらデジタル機器に関するパスワードロックの解除依頼等の問題についてはQ25をご参照ください。

　調査対象箇所は，各インターネット上のサービス専用のアプリケーション・ソフトウェア，ブラウザのブックマーク・履歴，メール（メー

ルについては**Q40**参照）等が検討されます。

　各サービス専用のアプリケーション・ソフトウェアについては，それがインストールされていることで当該サービスの利用は比較的明確といえます。ブラウザのブックマーク・履歴及びメールについては，ネットバンキング，FX取引，アフィリエイト取引，コンテンツサービス等々あらゆるデジタル遺産に関する情報が発見され得るでしょう。

　その他の調査対象について，音楽・動画コンテンツ，書籍コンテンツ等の定額課金方式のサービスに関しては，上記のデジタル機器内のブックマーク，アプリケーションの調査のほか，利用料金についてクレジットカードによる決済も多いため，クレジットカード明細の調査も必要となります。また，場合により携帯電話料金と一括して請求がなされている可能性もあります。

　FX取引については，同じくデジタル機器内の調査のほか，取引開始のため取引用口座への入金が必要となることから，銀行口座からそれら取引用口座への送金が推知される明細がないかの調査を行うこととなります。

　アフィリエイト取引については，**Q39**において詳細を説明するとおり，アフィリエイト収入の銀行口座への入金記録，デジタル機器のブラウザ内情報，例えば，ブログ等作成のためのソフトウェアの管理画面の登録，ASP（アフィリエイト・サービス・プロバイダ）アカウントの管理画面の登録等の調査が想定されます。また，ASPから送信される，アフィリエイト報酬の振込通知メールや報酬発生通知メール，その他確定申告関係書類等の調査もあり得るところでしょう。

デジタル機器及びその内部データと相続

相続が発生した場合，被相続人（故人）のパソコンやスマートフォンなどのデジタル機器は，誰のものになりますか？
デジタル機器内部のデータについての権利は，どうなるのでしょうか？

Answer

パソコンやスマートフォンなどのデジタル機器自体は動産として相続の対象になります。単独の相続人による相続，遺言により特定の相続人がこれを相続するとされる相続については，当該相続人の所有となります。相続人が複数いる場合で特に遺言が存在しない場合には共有となるため，遺産分割協議を経るまでは売却や破棄等を行うには各相続人の合意が必要となります。

次にデジタル機器内のデータについては，所有権の客体となる「物」について有形性を要件とする見解からは，データ自体は無体物として所有権の客体とならないと解されます。著作権等の知的財産権の対象となるデータについては，それら知的財産権として相続の対象となると考えられます。

明確な法的権利の対象となるデータ以外のデータに対する権利については，現行法上の権利の性質は明らかではないといわざるを得ないところ，法的な定義ではありませんが，「データに適法にアクセスし，その利用をコントロールできる事実上の地位」を承継するということはできるかもしれません。

━━━━━━━━　解　説　━━━━━━━━

1　デジタル機器の相続

　パソコンやスマートフォンなどのデジタル機器自体は動産として相続の対象になります。相続人が1名であれば，その相続人のものとなり自由な処分が可能です（ただし，別途権利の対象となる内部データについては注意が必要です。）。相続人が複数いる場合には共有となるため，遺産分割協議を経て最終的な所有権の帰属が決定するまでは売却や破棄等を行うには各相続人の合意が必要となります。

　また，遺言により特定の相続人に特定のデジタル機器を相続させるとされている場合には，当該相続人単独の所有となります。

2　デジタル機器内のデータの相続

　次にデジタル機器内のデータについてですが，所有権の客体となる「物」について有形性を要件とする見解からは，データ自体は無体物として所有権の客体とならないと解され，「データの所有権」を相続するとはいえないと考えられます。

　写真画像，原稿，楽曲等の著作権上の保護を受け得るデータについては，別途著作権の対象となり，当該権利として相続の対象となります。その他に，営業秘密に該当するようなデータについては知的財産権として相続の対象として認識されると考えられます。

　なお，相続人が1名である場合の相続であれば問題はないと考えられますが，例えば，遺言上，特定のデジタル機器について単独相続させる旨の記載があった場合においても，内部データについての相続の指定がない場合には，厳密にはその内部データの著作権等の知的財産権の帰属について問題が発生し得るものと考えられます。特定の相続人が独断で

当該データを破棄・処分してしまえば，知的財産権を侵害するという結果になる可能性もあると考えられますので，注意が必要です。

　著作権，その他知的財産権等の明確な法的権利の対象となるデータ以外のデータに対する権利については，現行法上の権利の性質は明らかではないといわざるを得ないところ，民法上，その他明確な権利義務といえないものでも，財産法上の法的地位といえるものであれば，全て包括的に相続の対象となると解されていることから，例えば，当該デジタルデータを存置・保管するためのプロバイダ等との契約関係の相続[1] や，それが記録されたデジタル機器の相続等と併せて，これを包括的に承継すると考えることもできるかもしれません。法的な定義ではありませんが，経済産業省の「AI・データの利用に関する契約ガイドライン」[2] においても記載がある「データ・オーナーシップ」の一つとしての「データに適法にアクセスし，その利用をコントロールできる事実上の地位」ともいうべきところでしょうか。

　遺産分割協議においては，知的財産権の対象となるデータ以外のデータも射程に「知的財産権の対象となるデータを含め，その他一切のデータ」等と表現しつつ，分割方法を決定すると良いものと考えられます。

1）レンタルサーバ業者やプロバイダとの間の契約の相続の可否については**Q17**の解説**3**を参照。
2）経済産業省「AI・データの利用に関する契約ガイドライン」（平成30年6月）
　　https://www.meti.go.jp/press/2018/06/20180615001/20180615001-1.pdf

24 故障したデジタル機器の破棄・処分の 当否とデータの復元

亡くなる直近まで被相続人（故人）が使用していたパソコン等のデジタル機器が故障して起動しません。破棄してもよいですか？
デジタル機器が故障していても中のデータを取り出すことはできますか？

Answer

故障したデジタル機器について単独の所有権を有する場合には，それについて破棄・処分することには問題はないと考えられますが，相続財産について処分行為を行うと，当該相続について単純承認をしたものとみなされ，相続放棄や限定承認をすることができなくなってしまう点に注意が必要となります（民法921条1号）。

相続人が複数いる場合には共有となるため，遺産分割協議を経るまでは売却や破棄等は行ってはならないと考えられます。

Q7のデジタルフォレンジックの解説のとおり，パソコン等のデジタル機器において通常の使用が不可能になった状態や一般的な意味での故障状態にあるデジタル機器についても，ハードディスクやその他の記憶媒体を直接取り出す等して，データ解析を行うことで，データが復元され取り出せる可能性があります。

解　説

1 故障したパソコンの所有権

Q23においても述べたとおり，パソコンやスマートフォンなどのデジ

タル機器は動産として相続の対象になります。相続人が1名である場合や遺言により特定の相続人に特定のデジタル機器を相続させるとされている場合には，当該相続人の所有となり，これについて当該相続人が破棄・処分を行うことは可能と考えられます（あまり想定されませんが，当該デジタル機器が唯一の財産である等の場合には，遺留分侵害額請求との関係も問題となり得ると考えられます。）。

　相続財産について処分行為を行うと，当該相続について単純承認をしたものとみなされ，相続放棄（民法938条）や限定承認（同法922条）をすることができなくなってしまう点に注意が必要となります（同法921条1号[1]）。そして，処分行為とは，財産の現状又は性質を変更したり，財産権の法律上の変動を生じさせる行為をいうとされるところ，民法921条1号にいう処分行為は，売買等の法律上の処分行為のみではなく，相続財産の破棄等の事実上の処分行為も含まれると解されています。したがって，それらデジタル機器を破棄・処分してしまう場合には，相続上単純承認とみなされると考えられます。

　その他，故障したデジタル機器は財産的価値がないとして相続財産であるのかという点が問題ともなり得ますが，以下に述べるとおり，故障したデジタル機器であってもハードディスクやその他記憶媒体からデータが復元可能である場合も多くあり，内部には知的財産権の対象となるデータ等財産的価値のあるデータが含まれている可能性もありますので，安全のために相続財産として取り扱うことが望ましいところでしょう。

　相続人が複数いる場合には共有となるため，遺産分割協議を経るまでは売却や破棄等は各相続人の合意が必要となりますので，この場合にも

1）民法
　　（法定単純承認）
　921条　次に掲げる場合には，相続人は，単純承認をしたものとみなす。
　一　相続人が相続財産の全部又は一部を処分したとき。ただし，保存行為及び
　　第602条に定める期間を超えない賃貸をすることは，この限りでない。

単独の相続人によるパソコン等のデジタル機器の破棄等は行ってはならないと考えられます。

2　故障したデジタル機器のデータの取り出し

　Q7のデジタルフォレンジックの解説のとおり，パソコン等のデジタル機器において通常の使用が不可能になった状態や一般的な意味での故障状態にあるデジタル機器についても，ハードディスクやその他の記憶媒体を直接取り出す等して，データ解析を行うことで，データが復元され，取り出せる状態になることは少なくありません。

　被相続人の相続財産のうち不明となっているものの情報，例えば，アフィリエイト取引，ネットバンキングやFX取引口座の有無等々を探知する調査に必要となる可能性や，知的財産権等の対象となるデータが取り出せる可能性もありますので，故障したデジタル機器についても破棄せずに保存することが安全策といえます。

被相続人（故人）のパソコン・スマートフォンの
パスワードロック解除

　相続が発生しましたが，被相続人（故人）のパソコン，ス
マートフォンにパスワードが設定されロックされています。
　ロックを解除する等して内部を調査することはできないで
しょうか？

Answer

　Q7で解説したデジタルフォレンジックを取り扱う専門企業に
依頼することにより，パスワードの解析・解除ができる可能性は
存在します。しかしながら，近時のトレンドとしては，ロックセ
キュリティの強化が進み，解析・解除が難しい傾向にあるとのこ
とです。

　一定回数パスワードの入力に失敗すると，データが初期化され
るという機能（ローカルワイプ機能）の存在等も解析を難しくする
原因となっています。

　パソコンについては，パソコン内のHDDを直接調査することに
よりパスワードロックを迂回することでパソコン内部の調査が可
能となる可能性があります。

解　説

　Q7で解説したデジタルフォレンジックを取り扱う専門企業に依頼す
ることにより，パスワードの解析・解除ができる可能性は存在します。
しかしながら，デジタルフォレンジックを取り扱う企業へのインタ
ビューにおいて，近時のトレンドとしては，FBI 対 Apple社のロック解

除に関する事件[1] に象徴されるように，ロックセキュリティの強化が進み，解析・解除が難しい傾向にあるとのことです。

　例えば，iPhoneについては，一定回数パスワードの入力に失敗すると，データが初期化されるという機能（ローカルワイプ機能）が搭載されており（搭載機種・OSはメーカーに要確認），当該設定がなされている場合には，解除は難しいと思われます。なお，パソコンについても，サードパーティによるローカルワイプソフトウェアも存在するようであり，そのような場合には解除は困難であるものと考えられます。

　また，ここ数年でモバイルオペレーティングシステムAndroidのセキュリティ機能も高くなり，フォレンジック調査において障壁となっているとのことでした。

　パソコンについては，Windowsのログインパスワード自体を特定することは容易ではないものの，パソコン内のHDDを直接調査することによりパスワードロックを迂回することでパソコン内部の調査が可能となる可能性があります。

　その他のデジタル機器についても記憶媒体を直接調査し，解析が可能である可能性もあると考えられます。

---

1) 銃乱射事件に関するFBIの犯罪捜査において，容疑者の所持していたiPhoneのロック解除について，FBIがApple社に対し協力を求めたことに対し，要求は顧客のデータセキュリティを脅かすものである等としてApple社が協力を拒否した事件。
　ロイター「米アップル，FBIによるアイフォーンのロック解除要求を拒否」との2016年2月17日付け記事。
　https://jp.reuters.com/article/california-shooting-timcook-idJPKCN0VQ14R

26 パスワードロック解除の失敗により消去された データ復旧の可能性

　　パスワードのロック解除を何度か試みたところ失敗し，データが消去されたと表示されました。
　　データを復旧することは可能でしょうか？

Answer

　　デジタルフォレンジックによっても復旧は難しいといえます。
　　一定回数のパスワード入力の失敗により端末の初期化を自動的に行う機能のことをワイプ機能といいますが，この機能が作動しデジタル機器端末が初期化された場合には，一般的には当該端末のデータの復旧は困難といえます。

解　説

　Q7で解説したデジタルフォレンジックにも限界が存在します。

　一定回数のパスワード入力の失敗により端末の初期化を自動的に行う機能のことを（ローカル）ワイプ機能といいます。端末の紛失時や不正なアクセス等から情報漏洩を防止するための機能といえますが，この機能が標準的に装備されているスマートフォン等があります。その他モバイル端末やパソコンについても，そのような機能を提供するソフトウェアも存在するようです[1]。

　ワイプ機能による消去のタイプにも様々あり得るため，個別具体的な

1）G suite管理者ヘルプ「モバイルデバイスにパスワード設定を適用する」
　https://support.google.com/a/answer/6328679?hl=ja
　株式会社大塚商会WEBサイト「たよれーる　デバイスマネジメントサービス」
　https://www.otsuka-shokai.co.jp/products/mobile/devicemanagement/

デジタルフォレンジックにおいて復旧の可能性がゼロとはいえないかもしれませんが，デジタルフォレンジックを取り扱う専門企業へのインタビューにおいては，ローカルワイプ機能により初期化された端末のデータの復旧は困難であるとのことでした。

専門企業へのデータ復旧・ロック解除の依頼の可否

　　パソコンやスマートフォンなどのデジタル機器内部のデータの復旧やパスワードロックを解除するサービスがあるようですが，これらの専門企業に，被相続人（故人）のデジタル機器内のデータ復旧やパスワードロック解除を依頼することは，問題ないでしょうか？

Answer

　　相続人からの依頼については，相続人が複数いるか否かで結論が異なり得るところです。

　　まず，単独で該当のデジタル機器を相続した場合には，これについてデータ復旧やパスワードロック解除を依頼することに問題はないと考えられます。

　　次に，相続人が複数いて，遺産分割協議の完了前や特定の相続人に該当のデジタル機器を相続させる旨の遺言が存在しない場合には，遺産分割協議の完了など該当デジタル機器の終局的帰属が確定するまでは共有の状態となります。共有物の取扱いについては，実行を予定する行為が，変更・処分行為，管理行為，保存行為のいずれかであるかにより，必要な共有者の同意の範囲が異なります。

　　データ復旧やパスワードロックの解除について各行為への該当性の判断には不確定性が残りますので，後の紛争防止等の安全面からは，データ復旧及びパスワードロックの解除については，いずれにせよ各相続人からの同意を得てからこれを行うことが望ましいと考えられます。

　なお，不正アクセス禁止法との関係においては，不正アクセス行為が「電気通信回線を通じて」という点（不正アクセス行為の禁止等に関する法律2条4項各号）を要件としているため，オフライン（電気通信回線を通じていない状態）においてデジタル機器の権利者がデジタル機器のパスワードロック解除を行うことには問題がないと考えられます。

解　説

　相続人からの依頼については，相続人が複数いるか否かで結論が異なり得るところです。

　まず，単独で該当のデジタル機器を相続した場合には，これについてデータ復旧やパスワードロック解除を依頼することに問題はないと考えられます。

　次に，相続人が複数いて，遺産分割協議の完了前や特定の相続人に該当のデジタル機器を相続させる旨の遺言が存在しない場合には，遺産分割協議の完了など該当デジタル機器の終局的帰属が確定するまでは共有の状態となります。共有物の取扱いについては，実行を予定する行為が，変更・処分行為，管理行為，保存行為のいずれかであるかにより，必要な共有者の同意の範囲が異なります。

　変更・処分行為については共有者（ここでは相続人が共有者となります。以下同様）全員の同意が必要となり（民法251条），管理行為については共有持分の過半数の同意が必要となるところです（同法252条本文）。保存行為に該当する行為である場合には，各共有者がそれぞれ単独で当該行為を実行することが可能です（同法252条ただし書）。

　ここで，データ復旧やパスワードロックの解除の各行為への該当性の判断が問題となります。管理行為については，目的物の変更とならない範囲での利用又は改良を目的とする行為をいうものとされ，保存行為に

ついては，共有物の現状を維持するための行為がそれに当たるとされて
います[1]。

　データ復旧やパスワードロックの解除については，一般にデジタル機
器に物理的な変更を加えるものではないと解され，また，仮に放置した
としてもパソコンという財産の現状が維持できないとまではいえないと
いう捉え方をすれば，保存行為というよりは，管理行為に該当するとも
考えられます。ただし，「現状の維持」や「改良」の捉え方次第では，
各共有者が単独でこれをなし得る保存行為に該当するとされる可能性も
否定することはできないと思われます。

　上記の観点のほか，例えば，Q26においても触れた（ローカル）ワイ
プ機能の発動により，パソコンやスマートフォン内部のデータが初期化
されてしまうといった場合等にも備え，不透明性の残る行為の性質に関
する議論を行うよりは，いずれにせよ共有者全員の合意のもとデータ復
旧やパスワードロックの解除を依頼することが望ましいといえます。

　また，データ復旧やログインを迂回した調査についてはQ7のデジタ
ルフォレンジックの解説においても触れたとおり，ハードディスクを取
り外した作業が必要となる場合があり，結果論ともいえますが，それら
データ復旧作業中において，ハードディスク等の機器に故障が発生して
しまった等の場合には紛争の元となりかねないところであり，この意味
でも相続人全員の合意のもと実行することが望ましいと考えられます。

　以上からすると，後の紛争防止等の安全面からは，データ復旧及びパ
スワードロックの解除については，いずれにせよ各相続人の合意を得て
からこれを行うことが望ましいと考えられます。

　デジタルフォレンジックの観点からは，パソコンの電源を入れるだけ
でも，パソコン内部のデータ（ON・OFFデータ等）が変化しているとい

1）我妻榮ほか著『我妻・有泉コンメンタール民法　総則・物権・債権〔第2版
　追補版〕』（日本評論社，2010）457〜458頁参照。

えるところですが，パソコン全体としての主要機能については変更を加えるものとまではいえないところであるとは考えられます。

　なお，不正アクセス禁止法との関係においては，不正アクセス行為が「電気通信回線を通じて」の行為であるということを要件としているため（不正アクセス行為の禁止等に関する法律2条4項各号[2])，オフライン（電気通信回線を通じていない状態）において当該デジタル機器の権利者が又は各権利者の同意のもと，デジタル機器のパスワードロック解除を行うことには問題がないと考えられます。また，当該デジタル機器の所有権を単独で相続した場合には，そもそも「他人の」パスワードとはいえないところと考えられます。

2）不正アクセス行為の禁止等に関する法律2条4項
　　この法律において「不正アクセス行為」とは，次の各号のいずれかに該当する行為をいう。
　　　一　アクセス制御機能を有する特定電子計算機に電気通信回線を通じて当該アクセス制御機能に係る他人の識別符号を入力して当該特定電子計算機を作動させ，当該アクセス制御機能により制限されている特定利用をし得る状態にさせる行為（当該アクセス制御機能を付加したアクセス管理者がするもの及び当該アクセス管理者又は当該識別符号に係る利用権者の承諾を得てするものを除く。）
　　　二　アクセス制御機能を有する特定電子計算機に電気通信回線を通じて当該アクセス制御機能による特定利用の制限を免れることができる情報（識別符号であるものを除く。）又は指令を入力して当該特定電子計算機を作動させ，その制限されている特定利用をし得る状態にさせる行為（当該アクセス制御機能を付加したアクセス管理者がするもの及び当該アクセス管理者の承諾を得てするものを除く。次号において同じ。）
　　　三　電気通信回線を介して接続された他の特定電子計算機が有するアクセス制御機能によりその特定利用を制限されている特定電子計算機に電気通信回線を通じてその制限を免れることができる情報又は指令を入力して当該特定電子計算機を作動させ，その制限されている特定利用をし得る状態にさせる行為

重要書類データのパスワード解除の可能性

　重要と思われる契約書等のファイル自体にパスワードが設定されています。
　パスワードを解除することは可能ですか？

Answer

　専門企業へ依頼をすることにより，あるいはソフトウェアを使用することにより，パスワードを解析し解除することができる可能性があります。

　パスワードの解析方法には，いわゆるブルートフォースアタック（総当たり攻撃）や辞書攻撃等の手法がありますが，文字の桁数によっては解析に非常に長い期間を要する可能性もあり，時間的・費用的な側面から，パスワード解除を断念せざるを得ない場面も想定されます。

解　説

　専門企業に依頼をすることにより，パスワードを解除することができる可能性があります。

　他にも，zipファイルのパスワード解析を行うソフトウェア[1]や，エクセルファイルのパスワード解析を行うソフトウェア[2]等，パスワード解析を行うソフトウェアの利用も検討されます。

---

1) Lhaplus
　　http://www7a.biglobe.ne.jp/～schezo/
2) Excel UnPassword
　　http://www.acchi.cc/soft/eup/index.html

　これらのパスワード解析方法は，いわゆるブルートフォースアタック（総当たり攻撃）という手法がとられます。

　ブルートフォースアタックは，簡単にいえば，数字（0〜9），ローマ字（A〜Z，a〜z）などの数字・文字等の組合せについて桁数を変えながら全パターンを試していくという方式になります。

　したがって，正しいパスワードの桁数や数字・文字等の使用種類によっては，膨大な時間を要することがあります。

　以下のような解読時間の関係があります。

　現在のコンピュータの処理能力は劇的な向上がなされていますので，解読時間は日々短縮しているものと思われます。

ZIPファイルパスワード（WinZIP 2.0互換形式）検証結果[3]

利用文字種／桁数	7桁	8桁	9桁	10桁
英子文字のみ（26文字種）	2秒	52秒	22分	10時間
英大小文字＋数字（62文字種）	15分	15時間	39日	7年
英大小文字＋数字＋記号（96文字種）	5時間	20日	5年	527年

　英数字7桁程度のパスワードであれば数時間程度で解除できる可能性がありますが，パスワードが9桁以上になる場合にはパターンが増大するため，ブルートフォースアタックを用いると年単位での時間を要する可能性があるようです。このような場合には，時間的・費用的な側面から，パスワード解除を断念する可能性があるといえるでしょう。

<hr>

3）株式会社ディアイティ・ホームページ＞レポート／コラム＞第2回：そのパスワードで大丈夫？　〜GPGPUによる高速パスワード解析　暗号化ファイルと無線LANパスワード解析スピード（2014年10月1日）
　https://www.dit.co.jp/report/security_report/forensic_center/20141001.html
　当該検証結果に関する補足説明として，「暗号化形式は，一般的に利用されるWinZIP 2.0互換形式です。ファイルをやり取りする際に，一番利用頻度が高いのではないでしょうか。解析スピードは，CPUでは毎秒約1億回，GPGPUでは毎秒約40億回でした。8桁英大小文字＋数字＋記号すべてを利用したパスワードも20日ほどで破られてしまうスピードです。」とされています。

　ただし，特定の文字列が使用されていることが予想される場合には，辞書攻撃によるアタックにより数日で解除できる場合もあるところです。

　辞書攻撃とは，全ての文字列について総当たりを行うのではなく，辞書等のデータベースから意味のある文字列に絞りアタックを行うというものとなり，意味のある文字列に絞り試行することで，時間短縮が期待できるものとなります。

29　クラウド上のデータの相続

　　クラウドストレージサービス上に存在する被相続人（故人）のデータ（写真画像，原稿，楽曲等の著作物など）は，相続人がこれを相続することは可能でしょうか？

Answer

　　所有権の客体となる「物」について有形性を要件とする見解からは，デジタルデータそのものに対する所有権が観念されない点は**Q3**においても述べたとおりとなりますが，著作権，その他知的財産権の対象となるデータについては，それら権利の対象として相続することができると考えられます。

　　ただし，実際に，相続人が各データをクラウドストレージサービス提供企業から受領することが可能であるかは別途の問題として検討が必要になります。

　　データの引渡請求の検討については，基本的には**Q37**のSNSサービスにおける情報の開示請求と同様の検討の枠組みとなると考えられます。

　　一義的にはクラウドストレージサービスの利用契約上の地位を承継したことに基づき，データ使用のための利用の請求を行うことが検討されます。しかしながら，利用規約により，ユーザー死亡時には，アカウント内にあるコンテンツについて一切の権利が消滅する等というものも存在し，クラウドストレージサービス提供企業から任意の開示が得られない可能性もあるところです。

　　契約上の地位を承継したとの主張に基づき利用請求を行う訴訟を提起することは検討可能と考えられます。

　次に，著作権の対象となるデータについては著作権という権利の相続対象となるといえますが，著作権に基づいてクラウドストレージサービス提供企業に対してデータの引渡請求を行うことは現状の解釈上は困難を伴うものと考えられます。

　利用規約によっては，相続発生時の手続について規定があるサービスもありますが，サービス提供企業が海外企業である場合には，それに従った手続においても困難が伴う場合があります。その他，サービス提供企業によっては，ユーザーの死亡時の対応について，パソコンへのアクセス権がある場合には，元々のユーザー死亡後もファイルにアクセスすることを許可していると解される規約も存在し，その場合には，データを取り出すことも可能といえます。

解　説

1　クラウドとは

　クラウドとは，「『クラウドコンピューティング（Cloud Computing）』を略した呼び方で，データやアプリケーション等のコンピューター資源をネットワーク経由で利用する仕組みのこと」[1]などと説明されます。
　そしてクラウドサービスは，その提供するサービスの内容から，SaaS（Software as a Service），PaaS（Platform as a Service），IaaS（Infrastructure as a Service）の3種類に分類されるといわれています。
　SaaSは，アプリケーション・ソフトウェアが有する機能を提供する

1）　総務省「平成30年版　情報通信白書」第1部第3章第3節2の(1)クラウドサービスの概要
　　http://www.soumu.go.jp/johotsusintokei/whitepaper/ja/h30/html/nd133210.html

リービスになります。従来はユーザーのパソコン等にインストールする等して使用していたアプリケーションについて，インターネット上で使用する形態ともいえます。WEB上のメールやSNS（ソーシャル・ネットワーキング・サービス）等がこの分類に属するところです。本**Q**でも取り上げるファイル保管を目的としたクラウドストレージサービスもこの分類に属すると考えられます。個人ユーザーにとってはもっとも馴染みがあるサービス類型といえるでしょう。

　PaaSは，アプリケーションを開発等するためのツールや環境，プラットフォームを提供するサービスになります。以下のIaaSと同様に，サーバ，ストレージ，ネットワーク等のハードウェア機能が含まれますが，さらにミドルウェア（OSとアプリケーションの中間に位置するソフトウェアをいい，OSとアプリケーションの機能を補助するもの），開発ツール等が加わるイメージとなります。

　IaaSは，ネットワーク，サーバ及びストレージ等のハードウェア機器の機能を提供するサービスをいいます。Microsoftの「Microsoft Azure」，Amazonの「Amazon Elastic Compute Cloud（Amazon EC2）」，Googleの「Google Compute Engine（GCE）」などが代表的サービスとして挙げられます。

　その他，クラウドの利用形態によって，不特定多数が共同利用する形態であるパブリッククラウド，特定の利用者が専用で利用する形態であるプライベートクラウド，その両者の複合形態であるハイブリッドクラウドといった分類もあります。

【クラウドコンピューティングの三つのサービス内容と，三つの利用形態】

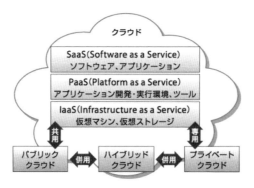

(出典：総務省「ICTの新たな潮流に関する調査報告書」(平成30年3月) 17頁・図表 2 - 6)

2　デジタルデータの相続

　所有権の客体となる「物」について有形性を要件とする見解からは，デジタルデータに対する所有権が観念されない点はＱ 3 やＱ23等において既に述べたとおりとなりますが，写真画像，原稿，楽曲等のデータは著作権の対象となり得るため，その著作権を相続することができます。

　また，著作権，その他知的財産権等の明確な法的権利の対象となるデータ以外のデータに対する権利については，明確な権利義務といえないものでも，財産法上の法的地位といえるものであれば，全て包括的に相続の対象となると解されていることから，それら権利の包括的な相続も観念することは可能と考えられます。

3　データ引渡請求

　はじめに，本Ｑで検討するクラウドサービスに関して，例えばＱ37において見るようなSNSサービスもクラウドサービスの一種ですがそれら

についてはその他のQにて検討を行いますので，本Qでは特にファイル保管を主眼においたクラウドストレージサービス（オンラインストレージサービス）について検討します。

　前記のとおり，著作権等の知的財産権の対象となるデータに対する権利を相続することは可能ですが，実際に，相続人が各データをクラウドストレージサービス提供企業から受領することが可能であるかは別途の問題として検討が必要になります。

　データの引渡請求の検討については，基本的にはQ37のSNSサービスにおける情報の開示請求と同様の枠組みとなると考えられます。

(1)　規約による開示請求

　まず，クラウドストレージサービスの利用規約を確認し，規約において相続人がこれを引き続き利用することが可能であるといった規約である場合には，これに従いデータを受領することとなります。

　あるクラウドストレージサービスにおいては，パソコンへのアクセス権がある場合には，元々のユーザー死亡後もファイルにアクセスすることを許可しているとも解される規約も存在し[2]，その場合には，データを取り出すことも可能といえます。

　また，利用規約によっては，相続発生時の手続について規定があるサービスもありますが，サービス提供企業が海外企業である場合には，規約に従った手続においても，英文書面の提出等が要求されるなど困難が伴う場合もあり得ます。

2）Dropboxホームページ＞アカウントとお支払い＞設定とログイン＞「お亡くなりになったユーザーのDropboxアカウントにアクセスする」
　https://help.dropbox.com/ja-jp/accounts-billing/settings-sign-in/access-account-of-someone-who-passed-away
　「お客様が故人のパソコンへのアクセス権限をお持ちで，故人のファイルにアクセスする必要がある場合は，パソコンにあるDropboxフォルダをご覧ください。」との記載があります。

(2)　利用契約の相続に基づく請求

　クラウドストレージサービスの利用規約にデータの開示に関する規定が存在しない場合において，利用契約上の地位を相続したことに基づいて，完全なアクセス権があるものとしてデータの引渡しを要求することができないかが検討されます。

　相続については，相続人は被相続人の財産に属した一切の権利義務を承継する（民法896条）ものとされており，基本的には一切の権利義務を承継することが原則とされています。ただし，被相続人の一身に専属したものは，この限りでない（民法896条ただし書）ともされるため，クラウドストレージサービスの利用契約が一身専属的なものかという点が問題となるでしょう。

　適切に契約に組み入れられた規約において，当該利用契約は一身専属的（相続人には相続されない）とされている場合には，それに従った結論になるものと考えられますが，データ保管を目的としたクラウドストレージサービスについては，Q37におけるSNSサービスとは異なる実質的な要素も存在するものと考えられます。

　すなわち，SNSサービスが個人の個性を前提とした表現・情報の発信という側面を持ち，本人（被相続人）以外の相続人に被相続人の名称のアカウント利用を行うことを許す意義は少ないと考えられますが，他方で，ファイル保管を目的としたクラウドストレージサービスについては，そのような性質はSNSサービスの場合に比して薄いものとも考えられ，また，利用者の一般の意識としても，一定の価値のあるデータを保管し，ときには相続人にそれらデータが承継されることも想定していると考えられる点等で，SNSサービスの場合と事情が異なるところではないかと考えられます。

　ファイル保管を目的としたクラウドストレージサービスにおいては，まさに一定の価値のあるデータがなくなってしまわないように保管を行

うのであり，相続の発生によって，それらデータが取り出せない，あるいは消去されてしまうといった規約があるとすれば，それは一般的な利用者一般の意識と乖離し，あるいは相続人の利益を害する結果ともなり得ると考えられます。

契約自由の原則にも限界は存在し，消費者契約法等による規約の修正の可能性はあり，このようなクラウドストレージサービスの性質，利用者の意識という観点は考慮の対象となると思われます。

(3) 利用契約の相続が否定される場合の開示請求の可否

次に，利用契約の相続が否定され契約が終了する場合において，データの引渡請求が可能でないかが問題となります。

ファイル保管を主眼としたクラウドストレージサービスについては，そのデータを預けるという側面をみれば，その契約は寄託契約類似の契約であるとも考えることができそうです。ただ，元来，寄託契約は，文言上「物」（民法657条）を預けることを前提としているため，寄託契約そのものとまではいえないと思われますが，データ保管に関する契約の内容からは寄託契約類似の関係と考えることは可能と考えられます。

保管されたデータに関する注意義務を論じた裁判例[3]において，「一般に，物の保管を依頼された者は，その依頼者に対し，保管対象物に関する注意義務として，それを損壊又は消滅させないように注意すべき義務を負う。この理は，保管の対象が有体物ではなく電子情報から成るファイルである場合であっても，特段の事情のない限り，異ならない。」として，データに関する注意義務も保管「物」に対する注意義務と異ならないとしたものもあり，参考となります。

寄託契約類似の契約関係であるとすれば，契約終了に伴い寄託した

3）WEBサイトファイルデータを消滅させたことに関する損害賠償請求事件（東京地判平成13年9月28日裁判所ウェブサイト）。

データの返還請求ができるものと考えられ，寄託物の返還請求権類似の権利としてのデータの引渡請求を行うことが検討されます。

　その他，著作権に基づくデータ引渡請求の可否等については**Q37**をご参照ください。

　他方で，利用規約により，ユーザー死亡時には，アカウント内にあるコンテンツについて一切の権利が消滅する等というものも存在し，クラウドストレージサービス提供企業から任意の開示が得られない可能性もあるところです。

　以上から，まずは利用規約に従ったデータ開示請求を検討することとなり，利用規約において利用契約上の地位の相続を否定する条項や死亡により一切のデータを消去するといった条項等については，場合によっては，消費者契約法等による無効を主張することも一つ検討され得るかもしれません。

　規約の効力については**Q45**もご参照ください。

③⓪ エンディングノートによる遺言の可否

　　近時エンディングノートを作成する人も増えているようで
す。エンディングノートに相続発生時の要望の記載がされて
いる箇所がありました。これは有効な遺言になるのでしょう
か？

　　また，私は相続人の１人で，エンディングノートの内容の
実行を事実上被相続人（故人）に生前頼まれていたのですが，
エンディングノートに従って，デジタル機器を他の相続人の
同意なく処分することに問題はないのでしょうか？

Answer

　　一般的なエンディングノートへの記載は，自筆証書遺言の要件
を満たさないことが通常と考えられますので，仮にエンディング
ノート内に相続財産の分配等，法定遺言事項の記載があった場合
にも，一般的なエンディングノートに遺言としての法的効力はな
いと考えられます。

　　ここで，有効な遺言が他に存在せず，相続人が複数いる場合に
は，パソコンやスマートフォン等のデジタル機器は，遺産分割協
議が完了するまでは共有の状態となります。このような場合，エ
ンディングノートの記載に従って，デジタル機器を他の相続人の
同意なく処分することは，他の相続人の所有権の侵害等の結果と
なる可能性があり，これは控えるべきといえます。

　　その他，エンディングノートの一般的な穴埋め記載とは別途，
空白のページに自筆証書遺言の形式を全て備えた遺言記載が存在
した場合には，それが自筆証書遺言として認められる可能性がな
いとはいえませんが，その有効性に疑義が生じる可能性があると

いえるでしょう。

解　説

1　エンディングノートの法的性質

　一般的なエンディングノートの記載は，全文が自書ではなく穴埋めを するような形式のものが多いと思われ，そのようなエンディングノート の記載は自筆証書遺言の要件を満たさないことが通常と考えられますの で，仮にエンディングノート内に相続財産の分配等，法定遺言事項の記 載があった場合にも，一般的なエンディングノートに遺言としての法的 効力はないと考えられます。

　ここで，有効な遺言が他に存在せず，相続人が複数いる場合には，パ ソコンやスマートフォン等のデジタル機器は，遺産分割協議が完了する までは共有の状態となります。

　したがって，そのような場合には，エンディングノートの記載に従っ て，デジタル機器を他の相続人の同意なく処分することは，他の相続人 の所有権の侵害等の結果となる可能性があり，これは控えるべきといえ ます。

2　自筆証書遺言への該当可能性

　その他，エンディングノートの一般的な穴埋め記載とは別途，空白の ページに自筆証書遺言の形式を全て備えた遺言記載が存在した場合には， それが自筆証書遺言として認められる可能性がないとはいえないと考え られます。

　自筆証書遺言は，遺言者が，その全文，日付及び氏名を自書し，これ に印を押さなければならないとされますが（民法968条），どのような用

紙に記載しなければならないといった指定はありません。手紙，はがきや債務証書の形式をとっていても，自筆証書遺言の方式を備える限り有効であると解されています[1]。

　判例においても，数葉の用紙にわたる遺言書について，契印がなく，編綴されていない場合においても，内容・外見の両面からみて1通の遺言書と認められる場合には有効とするなど[2]，自書，日付，押印等以外の形式については比較的寛容な態度をとっているといえるでしょう。

　したがって，理屈上は，エンディングノートの一部に，それら自筆証書遺言の形式を全て満たす形での遺言記載が行われている場合には，それが法的に有効な遺言として認められる可能性がないとはいえないものと考えられます。

　しかしながら，分離独立した用紙に記載がなされた通常の自筆証書遺言に比して，例えば，エンディングノートの前後の記載内容や記載位置との関係で「単なる下書きや練習なのではないか？」等の疑いの発生の可能性も増加し，その有効性に疑義が生じる可能性が高いものと考えられます。

1）中川善之助＝加藤永一編『新版　注釈民法(28)　相続(3)　補訂版』（有斐閣，2002）92頁。
2）最三小判昭和37年5月29日家月14巻10号111頁。

被相続人（故人）の会員制サービス利用料の支払義務

　被相続人（故人）は，毎月利用料が発生する会員制のサービスを利用していましたが，被相続人が亡くなった後，銀行口座が凍結され，会費の引落しができないこともあり未払金が発生しました。

　このサービス利用の存在を把握していなかった相続人は支払う必要がありますか？

Answer

　相続においては，原則として被相続人（故人）の権利義務を包括的に承継することとなります。契約関係についても，それが一身専属的な契約であると解される場合を除いて相続人がその契約上の地位も承継することとなります。既発生の債権債務についても承継がなされます。

　したがって，既に被相続人による利用が行われたサービスの対価の支払義務については，既に発生した債務として，相続人が被相続人による当該サービスの利用の存在を把握していなかったとしても，相続人がこれを履行する（支払う）必要があるといえます。

解　説

　相続においては，原則として被相続人（故人）の権利義務を包括的に承継することとなります。契約関係についても，それが一身専属的な契約であると解される場合を除いて相続人がその契約上の地位も承継することとなります。また，既発生の債権債務についても承継がなされます。

　したがって，既に被相続人による利用が行われたサービスの対価の支

払義務については，既に発生した債務として，相続人が被相続人による当該サービスの利用の存在を把握していなかったとしても，相続人がこれを履行する（支払う）必要があるといえます。

　なお，ユーザーの死亡により契約が自動的に解約される契約内容である場合には，ユーザーの死亡を起点として，既に利用した分に関する対価の支払の必要はありますが，将来分については契約が自動的に解約される以上，契約当事者の双方の債務もなくなり，利用料の支払義務もないことが理屈上の帰結と考えられます。

　仮に，ユーザー死亡により契約が自動解約されるとしつつも相続人によるユーザー死亡の連絡があるまでは利用料金が発生するといった取決め等である場合には，ユーザーの死亡と同時に会員資格が消滅し，正当なアクセス権限による利用が不可能であるにもかかわらず（正当なアクセス権限以外のアクセス行為については不法行為等の問題となり得ます。），相続人による通知までは利用料金が発生するというのは不合理とも考え得ることから，消費者契約法等に基づいて法的に争い得る余地はあると思われます。なお，自動解約ではなく，例えば，契約内容として利用契約が相続されることを前提に，ユーザーの相続人が「ユーザー死亡の連絡を行うことにより，契約を解除することもできる」といったものである場合には，反面として当該解除連絡までは相続人においても契約上の地位を相続したことに基づきサービスの利用が可能であると解されるため，被相続人死亡後から死亡・解除通知までの期間の利用料金についても，当該契約に従い支払を行わなければならないと考えられます。

32 マイル・各種ポイントと相続

マイルやポイントは相続できますか？

Answer

　マイルやポイントの相続の可否については，原則として規約（適切な契約への組入れを前提として）に基づくものと考えられます。

　消費者契約法等による修正の可能性がないとはいえないところではありますが，規約上，相続が否定されている場合には，原則的に相続は難しいものと考えられます。

　規約上，相続が認められるマイル，一定の条件下での家族間でのポイントの移行を可能とするもの等，様々な規約が考えられますので，利用している各サービスの規約の確認，必要に応じたサービス提供企業への相続発生時の手続に関する問合せを行うことが検討されます。

解　説

　マイルやポイントの相続の可否については，原則として適切に契約に組み入れられた規約[1]に基づくものと考えられます。

　Q45でみるように，消費者契約法等による修正の可能性がないとはいえないところではありますが，検討の視点としては，**Q38**における電子マネーが現金とほぼ同様の機能をもっているという場合と異なり，基本的にポイントについては各企業のサービスであると考えられる点ではないでしょうか（もっとも現金値引きに変えてポイントを付与するというよう

---

1 ）規約の契約への組入れ要件については**Q45**参照。

な形での購入の誘引等もあり得ますので，ポイントについて完全に現金等との対価性がなく，実質的には，単なるサービスにすぎないともいえないような状況も想定され得るものとは思われます。）。

　各サービス提供企業のポイントについて概観すると，航空会社のマイルについては，日本の大手航空会社[2]では相続に関する手続を設けており，一定の手続のもと相続人による相続が可能であるとされています。

　クレジットカードについてはクレジットカード契約が死亡により終了することに伴ってポイントも失効するという規約が多く見受けられるところです。

　大手量販店におけるポイント規約においては明確に相続を否定するものもみられます。ECサイトでは，系列のカードの保有を前提として家族間でのポイント移行を認めるものもありますが[3]，相続と完全に同様の効果というわけではないところでしょう。

　以上のとおり，基本的には利用契約である規約の定めに従うこととなり，上記概観に見た規定とは異なる規定（相続を認める，相続を認めない等）も存在すると考えられますので，利用している各サービスの規約の確認，必要に応じたサービス提供企業への相続発生時の手続に関する問合せを行うことが検討されます。

2）JMB一般規約（2019年4月1日改定）
　　JAPAN AIRLINES＞JALマイレージバンク＞JMB一般規約
　　https://www.jal.co.jp/jalmile/kiyaku/
　　ANAマイレージクラブ会員規約（2019年4月1日現在）
　　https://www.ana.co.jp/ja/jp/amc/kiyaku/
3）楽天カード＞役立つサービス＞家族カード＞「家族でポイントおまとめサービス」
　　https://www.rakuten-card.co.jp/service/family-card/point/

33　被相続人（故人）のプライバシー情報に関する データの閲覧・取得・公開

　　被相続人（故人）のプライバシー情報に関するデジタル
データを閲覧・取得・公開することは，被相続人（故人）の
プライバシー権や名誉権等の人格権の侵害とはならないで
しょうか？
　　また，結論は，行為者が相続人である場合と，第三者であ
る場合で異なりますか？

Answer

　　死者の名誉棄損等の人格権の侵害について，遺族固有の人格権
の侵害あるいは死者に対する敬虔感情の侵害を問題とする見解
（間接保護説）の考え方からすれば，相続人が被相続人のプライバ
シー情報であるデジタルデータを閲覧・取得等したとしても，被
相続人（死者）のプライバシー権や名誉権の侵害とはいえないも
のと考えられます。もっとも，複数の相続人や近親者が存在する
場合には，開示される情報の内容によりその他相続人・近親者自
体のプライバシー権侵害となる可能性や，当該プライバシー情報
の公開が故人の名誉を棄損するようなものである場合には，その
他相続人・近親者の死者に対する遺族固有の敬虔感情の侵害の問
題は発生し得るでしょう。

　　相続人以外の第三者による被相続人のプライバシー情報の閲
覧・公開等の行為については，開示される情報の内容によりその
他相続人・近親者自体のプライバシー権侵害となる可能性や，当
該プライバシー情報の公開が故人の名誉を棄損するようなもので
ある場合には遺族固有の敬虔感情の侵害等となる可能性があるも

りと考えられます。

解　説

1　死者の名誉毀損・プライバシー権の侵害

　死者の名誉棄損等の人格権の侵害については，直接的に死者の人格権の侵害を問題とする見解（直接保護説）と遺族固有の人格権の侵害あるいは死者に対する敬虔感情の侵害を問題とする見解（間接保護説）とがあり得るところです。

　死者の人格権について触れた裁判例として東京高判昭和54年3月14日判タ387号63頁においては，「まず死者の名誉ないし人格権についてであるが，刑法230条2項及び著作権法60条はこれを肯定し，法律上保護すべきものとしていることは明らかである。右のほか，一般私法に関しては直接の規定はないが，特に右と異なる考え方をすべき理由は見出せないから，この分野においても，法律上保護されるべき権利ないし利益として，その侵害行為につき不法行為成立の可能性を肯定すべきである。」として，故人の人格権自体が認められる可能性を示唆しつつも，続けて，同判決は，「しかし，この場合何人が民事上の請求権を行使しうるかについてはなんらの規定がなく，どの点につき著作権法116条あるいは刑事訴訟法233条1項を類推してその行使者を定めるとすることもたやすく肯認し難い。結局その権利の行使につき実定法上の根拠を欠くというほかない。」として，結論としては死者の直接的な人格権侵害による権利の行使を認めていないところです。

　なお，当該判決は上記に続けて，「故人に対する遺族の敬愛追慕の情も一種の人格的法益としてこれを保護すべきもの」として，判断を行っています。

　直接保護説もあり，結論が明確に出ている部分ではないと考えられ難

しいところではありますが，裁判例においては，遺族固有の人格権の侵害の問題，あるいは死者に対する敬虔感情の侵害の問題として捉えるものが少なくないようです（「落日燃ゆ」事件第一審判決（東京地判昭和52年7月19日判時857号65頁）・控訴審判決（東京高判昭和54年3月14日判タ387号63頁），那覇地判昭和58年3月2日判時1082号120頁等）。

② 本設問への当てはめ

　間接保護説の考え方からすれば，相続人が被相続人のデジタル機器内に存在するデジタルデータ又はアカウント上の被相続人のプライバシー情報であるデジタルデータを閲覧・使用等したとしても，被相続人（死者）自体の名誉権やプライバシー権等の人格権の侵害とはいえないものと考えられます。

　もっとも，理論上は，相続人が複数存在し又は相続人以外の近親者が存在し，一部の相続人・近親者が公開を望まない被相続人のプライバシー情報について公開等を行った場合には，プライバシー情報については相続人・近親者自体のプライバシー情報と重なり合うことも少なくく，そのような場合には当該相続人・近親者自体のプライバシー権侵害となる可能性や，当該プライバシー情報の公開が故人の名誉を棄損するようなものである場合には，公開を望まない相続人・近親者の有する死者に対する敬虔感情の侵害等の問題の発生はあり得るため，相続人間・近親者間での賠償請求等の可能性はないとはいえないと考えられます。

　また，直接保護説の立場から死者の独自の人格的利益を肯定するとしても，基本的には当該権利の請求権者となる相続人による閲覧・取得等の行為については事実上問題が発生する可能性は高くないものとは考えられます。

　ただし，上記のように複数の相続人や近親者が存在する場合の問題の

発生や，直接保護説の中でも請求権者として，いずれの者までを取り込むかについては様々見解があり得るものと思われ，理論上，直接保護説を前提にするとしても請求権者の範囲の設定の仕方次第では，相続人以外の近親者（例えば，相続人ではない甥等）から，相続人の関連行為について，死者の人格権を侵害したとして何らかの請求が行われる可能性もあるとはいえそうです。

　他方で，相続人以外の第三者による被相続人のプライバシー情報の閲覧・公開等の行為については，見解により被相続人自体の直接の人格権の侵害とはならずとも，前述のとおりプライバシー情報については相続人・近親者自体のプライバシー情報と重なり合うことも少なくなく，そのような場合には当該相続人・近親者自体のプライバシー権侵害となる可能性や，当該プライバシー情報の公開が故人の名誉を毀損するようなものである場合には遺族固有の敬虔感情の侵害等となる可能性があるものと考えられます。

　また，第三者が，被相続人のプライバシー情報であるデジタルデータを取得・閲覧等することについては，そもそもそれが適法な手段であるか否かを検討する必要があると考えられます。

被相続人（故人）の小説・写真・動画等のデータの公開の可否

　被相続人（故人）が執筆していた小説データや，被相続人（故人）が撮影した写真・動画データをインターネット上などで自由に公開してよいのでしょうか？

Answer

　著作物の要件を充足する小説データや写真・動画データについては，複数の相続人が存在し，遺言がなく，また遺産分割協議も未了の場合には，インターネット上での公開を行うためには相続人全員の合意を得る必要があると考えられます。

　著作権の観点とは別途，相続人全員の合意による公開であったとしても，相続人以外の近親者が存在する場合には，被相続人の小説データや写真・動画データの公開がそれら相続人・近親者自体のプライバシー権（公開されるデータについて，被相続人のみならず相続人・近親者自体のプライバシー情報と重なるような場合など）を侵害するものである場合や，故人の名誉を棄損するようなものである場合には，公開を望まない相続人・近親者との関係で問題が発生し，相続人間・近親者間での賠償請求等の可能性はないとはいえないと考えられます。

解　説

1　著作権との関係

　被相続人（故人）が執筆していた小説データや故人が撮影した写真・動画データが，思想又は感情を創作的に表現したものであって，文芸，

学術，美術又は音楽の範囲に属する著作物としての要件を充足する場合には，著作権との関係が問題となります（著作権法2条1号）。

　上記要件のとおり，著作物としての法的保護の対象となるためには著作物としての創作性等の要件について問題となる可能性がありますが，それらの判断はケースバイケースとなりますので，実務的スタンスとしては，著作物として取り扱うことが望ましいと考えられます。

　ここで，広義の著作権には，財産的な利益である（狭義の）著作権（以下，単に「著作権」といいます。）と人格的利益である著作者人格権とがあります。

　著作権は相続の対象となりますが（著作者人格権については後述），複数の相続人が存在し，特段遺言も存在せず，遺産分割協議も未了の場合には，著作権は共有されることとなります。

　著作権が共有される場合においては，当該著作権を共有する相続人全員の合意がなければ当該著作権を行使することができないとされます（著作権法65条2項[1]）。なお，当該「行使」には，共有者自身による利用（複製・公衆送信等）や第三者に対する利用許諾が含まれます。

　現代社会において，もっとも容易に想定される公開の形態としては，インターネットを通じた公開であると考えられますが，それらインターネット上のブログ等への著作物のアップロードは，著作権の中で複製権，公衆送信権の行使に当たると考えられます。

　したがって，相続人が複数存在し，該当の著作物に関する著作権を単独相続させるといった遺言がない場合において，遺産分割協議が未了である段階では，著作権の観点からは，故人の小説データや写真・動画データをインターネット上で公開するには，当該著作権の共有者，即ち

1）著作権法65条2項
　　共有著作権は，その共有者全員の合意によらなければ，行使することができない。

相続人全員の合意が必要になると考えられます。

　次に，著作者人格権は，著作者の一身に専属し，譲渡や相続すること
ができないものとされています（著作権法59条[2]）。もっとも，著作者の
死後においても，著作者が生きているとした場合において，その著作者
人格権の侵害となるべき行為をしてはならないともされているところで
す（同法60条）。

　また，著作者の名誉又は声望を害する方法によりその著作物を利用す
る行為は，その著作者人格権を侵害する行為とみなすとされていますの
で（同法113条7項[3]），故人の小説データや写真・動画データの公開が，
故人の名誉又は声望を害する方法と認められる場合には，故人の著作者
人格権の侵害として差止請求，損害賠償請求等の対象となる可能性があ
りますので，注意が必要です。

　その他，公表権，氏名表示権，同一性保持権の著作者人格権に関連し
ても，各データの公開が，著作者が生きているとした場合において，そ
の著作者人格権の侵害となるべき行為に該当しないよう注意する必要も
あるでしょう。

　なお，著作者の死後その著作者人格権が侵害された場合の，差止請求
及び名誉回復のための措置等を請求できる者は，原則として，死亡した
著作者又は実演家の配偶者，子，父母，孫，祖父母又は兄弟姉妹とされ

2）著作権法　第5節　著作者人格権の一身専属性等
　　（著作者人格権の一身専属性）
　　59条　著作者人格権は，著作者の一身に専属し，譲渡することができない。
　　（著作者が存しなくなつた後における人格的利益の保護）
　　60条　著作物を公衆に提供し，又は提示する者は，その著作物の著作者が存しな
　　くなつた後においても，著作者が存しているとしたならばその著作者人格権の
　　侵害となるべき行為をしてはならない。ただし，その行為の性質及び程度，社
　　会的事情の変動その他によりその行為が当該著作者の意を害しないと認められ
　　る場合は，この限りでない。
3）著作権法113条7項
　　著作者の名誉又は声望を害する方法によりその著作物を利用する行為は，その
　　著作者人格権を侵害する行為とみなす。

ています（同法116条１項。順位につき同条２項，遺族以外への指定について同条３項[4]）。

2　人格権との関係

Q33において検討したように，故人の人格権に関する間接保護説の考え方からすれば，相続人が故人の小説データ，写真・動画データをインターネット上等で公開したとしても，故人の人格権の侵害とはいえないものと考えられます。

しかし，相続人が複数存在し又は相続人以外の近親者が存在し，故人の小説データや写真・動画データの公開がそれら相続人・近親者自体のプライバシー権（公開されるデータについて，故人のみならず相続人・近親者自体のプライバシー情報と重なるような場合など）を侵害するものである場合や，故人の名誉を棄損するようなものである場合（上記のとおり，この場合は，間接保護説の考え方からは故人自体の名誉権の問題ではな

---

4 ）著作権法
　（著作者又は実演家の死後における人格的利益の保護のための措置）
　116条　著作者又は実演家の死後においては，その遺族（死亡した著作者又は実演家の配偶者，子，父母，孫，祖父母又は兄弟姉妹をいう。以下この条において同じ。）は，当該著作者又は実演家について第60条又は第101条の３の規定に違反する行為をする者又はするおそれがある者に対し第112条の請求を，故意又は過失により著作者人格権又は実演家人格権を侵害する行為又は第60条若しくは第101条の３の規定に違反する行為をした者に対し前条の請求をすることができる。
　2　前項の請求をすることができる遺族の順位は，同項に規定する順序とする。ただし，著作者又は実演家が遺言によりその順位を別に定めた場合は，その順序とする。
　3　著作者又は実演家は，遺言により，遺族に代えて第１項の請求をすることができる者を指定することができる。この場合において，その指定を受けた者は，当該著作者又は実演家の死亡の日の属する年の翌年から起算して70年を経過した後（その経過する時に遺族が存する場合にあつては，その存しなくなつた後）においては，その請求をすることができない。

く，遺族固有の敬虔感情の侵害等の問題となります。）には，公開を望まない相続人・近親者との関係で問題が発生し，プライバシー権侵害又は遺族固有の敬虔感情の侵害等を理由として相続人間・近親者間での賠償請求等の可能性がないとはいえないと考えられます。

　また，前記1において述べた著作権の観点からの問題に対応して，相続人全員の合意後の公開であったとしても，相続人以外の近親者（例えば，相続人とはならない甥等。なお，請求権者の範囲について議論はあり得るものと思われます。）が存在する場合には，当該近親者との関係での人格権侵害の問題の発生はあり得ると考えられます。著作権の共有権者の範囲と，人格権侵害の主張権者の範囲との間に，ズレが生じる可能性があることに注意が必要です。

35　電子書籍の相続の可否

　　被相続人（故人）のパソコン内に電子書籍がダウンロード
されていました。
　　これらの電子書籍は通常の書籍と同様に相続人がこれを利
用してもよいのでしょうか？

Answer

　　通常一般的には，電子書籍の利用契約は，コンテンツの販売で
はなく，一定の条件でのコンテンツの閲覧権限を許諾することを
内容とするライセンス契約とされています。

　　したがって，このような契約においては，有体物たる書籍に対
する所有権と同じようには相続人がこれを相続することはできな
いということとなりますが，閲覧・使用権の相続の可否について
は，利用契約に従うことが原則となります。

　　多くの電子書籍プロバイダは相続を否定する規約を置いていま
すが，アカウントの相続を可能とすると解される規約を置くプロ
バイダも存在し，そのような場合には，所定の手続を行うことで
アカウントの相続が可能となるでしょう。

解　説

　通常一般的には，電子書籍の利用契約は，コンテンツの販売ではなく，
一定の条件でのコンテンツの閲覧権限を許諾することを内容とするライ
センス契約とされています。電子書籍の利用方法にはストリーミング方
式，ダウンロード方式が存在し，特にダウンロード方式の場合，ユー
ザーの感覚としては通常の書籍と同様に，それを相続することが可能で

あるというような感覚にもなり得ますが，実際には「指定された台数の
デバイスにおいて，非営利の使用のみのために，電子書籍コンテンツを
閲覧，使用及び表示する非独占的な使用権が付与される」などといった
規約のように，コンテンツの閲覧権限の許諾を内容とするライセンス契
約であることが通常と考えられます。

　したがって，このような契約においては，有体物としての書籍と同じ
ようには当然に相続人がその所有権を相続するといったことはできない
ということとなり，その相続とは，当該ライセンス契約の契約関係・契
約上の地位の承継の問題となります。

　既にその他の**Q**においても何度か説明しているとおり，相続の場面に
おいては，相続人は被相続人の財産に属した一切の権利義務を承継する
（民法896条）ものとされており，基本的には一切の権利義務を承継する
ことが原則とされていますが，被相続人の一身に専属したものは，この
限りでない（同法896条ただし書）ともされるため，電子書籍の利用契約
が一身専属的なものか等，閲覧・使用権の相続の可否について利用契約
を確認することが必要となります。

　契約自由の原則のもと一身専属的（相続人には相続されない）とする
規約であれば，基本的にはその規約をもって当事者の意思となり，電子
書籍のライセンス契約を承継させることは難しいと考えられます。

　多くの電子書籍プロバイダは，相続を否定する規約を置いているよう
ですが，アカウントの相続が可能と解される規約[1]を置くプロバイダも
存在し（「単独で会員の地位を相続した者に限る」との限定），そのような
場合には，所定の手続を行うことでアカウントの相続が可能となるで

---

1 ）ebookjapan利用規約第10条１項８号
　「他の会員の会員情報や本アカウントを利用して本サイトにアクセスする行為。
但し，会員の死亡によりその地位を相続した場合における当該相続人（単独で会
員の地位を相続した者に限る）のする行為を除きます。」
　https://www.ebookjapan.jp/ebj/info/about_policy.asp

しょう。

　仮にライセンスについて複数の相続人が共有状態として各相続人がそれぞれフルアクセス可能とすると，元々の利用契約以上のライセンス数を認める形となり，このことから，相続を可能とする場合にも1名に限定するといった規約にも一定の合理性が存在するところと思われます。

被相続人（故人）のSNSアカウントの取扱い

被相続人（故人）の死後，被相続人のSNS（ソーシャル・ネットワーキング・サービス）はどうなるのでしょうか？
相続人が自由にSNSを閲覧等することができるのでしょうか？

Answer

当該SNSの（適切に契約に組み入れられた）規約内容を確認する必要があります。

SNSの規約において，明確に当該利用契約上の地位の相続を可能とする規定があるものや，逆に当該利用契約を一身専属的なものとして相続を否定する規約が存在する場合には，基本的にはそれぞれその規約に従い，明確な規約が存在しない場合には，契約の解釈上，当該利用契約上の地位の相続が認められるか否かにより，相続人が自由に被相続人のSNSアカウントにアクセスをし，閲覧が可能となるかが決定されると考えられます。

利用契約上の地位の相続が可能であれば当該権限に基づきSNSアカウントへの自由なアクセス・閲覧が可能であると考えられますが，利用契約上の地位の相続が否定される場合には自由なアクセス・閲覧は難しいと考えられます。

利用契約上の地位の相続の可否，それに関連する規約の位置づけ等の詳細についてはQ37をご参照ください。

1 利用規約の確認と契約の解釈

　相続の場面においては，相続人は被相続人の財産に属した一切の権利義務を承継する（民法896条）ものとされており，基本的には一切の権利義務を承継することが原則とされています。ただし，被相続人の一身に専属したものは，この限りでない（同法896条ただし書）ともされるため，当該SNSの規約内容を確認する必要があります[1]。

　SNSの規約において，明確に当該利用契約上の地位[2]の相続を可能とする規定があるものや，逆に当該利用契約を一身専属的なものとして相続を否定する規約が存在する場合には，基本的にはそれぞれその規約に従い，明確な規約が存在しない場合には，契約の解釈上，当該利用契約上の地位の相続が認められるか否かにより，相続人が自由に被相続人のSNSアカウントにアクセスをし，閲覧が可能となるかが決定されると考えられます。

　利用契約上の地位の相続の可否，それに関連する規約の位置づけ及び利用契約上の地位の相続が否定される場合のデータ開示請求の可否等の詳細についてはQ37もご参照ください。

　利用契約上の地位の相続が可能であれば当該権限に基づきSNSアカウントへの自由なアクセス・閲覧が可能であると考えられますが，利用契約上の地位の相続が否定される場合には自由なアクセス・閲覧は難しいと考えられます。

1）規約が契約に組み入れられる要件についてはQ45参照。本Qでは，その要件を満たす規約として検討します。
2）「契約の当事者としての地位は，債権・債務のほか形成権等も含むが，一身専属性がない限り相続の対象」（前掲・内田貴『民法Ⅳ親族・相続（補訂版）』（東京大学出版会，2004）405頁）となると解されています。

2　利用規約事例の概観

　ここで著名なSNSサービスを概観すると，Facebookにおいては，本人死亡時の取扱いについて，まず本人（被相続人）の生前に本人が，追悼アカウント管理人を指名して追悼アカウントの管理を任せるか，Facebookからアカウントを完全に削除するかのいずれかを選ぶことができる仕様となっていますが[3]，追悼アカウント自体には誰もログインできないとされており，追悼アカウント管理人の権限としても，ダイレクトメッセージの閲覧等は行えないなど[4]，本人と同様のアカウントの使用を認めるものではないようです。

　その他，それら生前の設定がない場合にも，被相続人の近親者であることを証明できる場合には，故人のFacebookアカウントの削除をリクエストできる等の規定もありますが，アカウントの相続を可能とする規約はないようです。

　現状のSNSサービスの利用規約の一般的傾向としては，SNSサービスが個人の個性を前提とした情報の発信という側面を有していることから，アカウントの承継，ひいては利用契約の相続をあまり想定していないことが少なくないのではないかと思われます。

　Instagramについても，本人死亡の報告による追悼アカウントへの移行や近親者からのアカウントの削除のリクエストが可能とされていますが[5]，やはり，追悼アカウント自体には誰もログインはできず，内容の変

---

3 ）Facebookヘルプセンター「追悼アカウントについて」
　　https://www.facebook.com/help/1506822589577997
4 ）Facebookヘルプセンター「追悼アカウント管理人とは何ですか。また，その人が私のFacebookアカウントにできることは何ですか。」
　　https://www.facebook.com/help/1568013990080948
5 ）Instagramヘルプセンター「亡くなった方のInstagramアカウントを報告するにはどうすればよいですか。」
　　https://www.facebook.com/help/instagram/264154560391256

更はできないものとされています。[6]

　Q44で検討するように，規約は絶対的なものではなく消費者契約法等による無効などの可能性は存在しますが，利用契約上の地位の相続を否定し，一身専属的契約であることを明示する規約をもつSNSである場合には，事実上サービス提供企業から（訴訟に至らない段階での）任意の協力を得ること等には困難が予想され，アカウントを自由に閲覧することは難しいと考えられます。

6）Instagramヘルプセンター「亡くなった方のアカウントが追悼アカウントになるとどうなりますか。」
　　https://www.facebook.com/help/instagram/231764660354188?helpref=hc_fnav

SNS等のデータの開示請求

　被相続人（故人）が自死しました。パワハラによるものではないかと考えています。
　勤務先で使用していたメールのやり取り等について勤務先側に開示を請求することはできますか？
　また、それ以外で被相続人（故人）が利用していたSNSのダイレクトメッセージをSNS運営企業に開示請求することはできるでしょうか？

Answer

　勤務先への開示請求については、まずは任意の協力を要請することが検討されます。任意の協力が得られない場合には、裁判手続を前提とした証拠保全手続、文書提出命令申立を行うことを検討することとなります。

　次にSNS運営企業への開示請求についてですが、データの開示に関する手続規約が存在する場合には、その規約に基づく手続を検討します。

　規約がない場合には、実体法上のデータ開示請求権に基づく開示請求を検討することとなり、利用契約上の地位を相続したことを根拠とするもの、委任契約の終了時の報告義務を根拠とするもの等、様々検討され得ますが、現状のところ定まった見解はないといわざるを得ず、実際問題としても、これらを根拠とした主張にSNS運営企業が同意しない可能性があります。任意の開示を得られない場合、訴訟による請求の検討の可能性もあると考えられます。

　また，SNS運営企業に対する開示請求についても，裁判手続を
前提とした証拠保全手続，文書提出命令申立を行うことの検討も
あり得ます。

解　説

1　勤務先企業に対するメール等の開示請求

⑴　任意の開示請求

　パワーハラスメントによる自死に関連した事情を示す勤務先でのメール
のやり取りの確認については，まずは，当該勤務先企業に対して，任意
の開示請求を行うことが検討されます。ただし，一般論としては，勤務
先の業務上のメールについては，営業上のその他秘密事項との関係，通
信相手との関係等もあり，任意の開示を受けることは難しいことが予測
されます。

　その他には，メール自体の直接の開示ではなく，メールについて適切
な権限者による確認等を含めた勤務先企業社内での調査結果の提出を求
めることも場合によっては検討可能かもしれません。

　しかしながら，あくまで任意での協力を求めるものである以上，勤務
先企業が任意に開示しないとすれば，訴訟等その他の開示方法を検討せ
ざるを得ないところとなります。

　労働問題関連の資料の開示について検討すれば，労働問題関係の裁判
例の中にはタイムカードの開示義務があることを認めたものがありま
す[1]が，タイムカードについては当該証拠による立証事項が明らかであ

---

[1]　大阪地判平成22年7月15日労判1014号35頁（医療法人大生会事件）は，労働
　契約に付随する信義則上の義務として，タイムカードの打刻を適正に行わせる義
　務と，原則として労働者に対してタイムカード等を開示すべき義務とがあるとし
　ています。

り，また，基本的に第三者との間の通信や秘密事項の記載はないと考えられることに比して，メールについては，そのような状況にあるとはいえないことからタイムカードと同様に議論することは難しいかもしれません。

⑵　勤務先企業に対する文書提出命令，証拠保全の利用

　勤務先企業に対する任意の開示請求が功を奏しない場合には，訴訟提起前については本案訴訟を前提とした証拠保全手続，訴訟提起後については文書送付嘱託の申立て（民事訴訟法226条），文書提出命令の申立て（同法221条）の利用が検討されます。

　証拠保全手続については，訴訟提起前において，あらかじめ証拠調べをしておかなければ，その証拠を使用することが困難となる事情がある場合にその利用が検討されることとなり，一般的には事例として医療過誤事件における電子カルテを対象とした場合において多く利用されていますが，医療過誤事件以外においても手続の検討は可能です。電磁的記録についても，証拠保全手続の中で検証することも可能なところです[2]。

　訴訟提起後は，文書送付嘱託，文書提出命令の申立てを検討することになります。

　ここで，デジタルデータに対する文書送付嘱託，文書提出命令の申立ては，記録媒体の提出を求める場合とデータ内容をプリントアウトした書面の提出を求める場合とがあります。改ざんに関する検証可能性とい

2）証拠保全手続の中で，タイムカード等の文書あるいは電磁的記録の検証が求められた事案として，大阪高決平成25年7月18日判時2224号52頁等があります。
　　「別紙　検証物目録
　　　一，亡甲野太郎および丙川竹夫の出勤簿，タイムカード，時間外・休日労働命令報告書，賃金台帳，その他労働時間を管理するため作成されていた文書あるいは電磁的記録」
　　「二　結論
　　よって，本件タイムカードにつき提示を命じた原決定は相当であり，本件抗告は理由がないからこれを棄却することとして，主文のとおり決定する。」

う意味では，記録媒体の提出を求めることが検討されるでしょう。

　文書提出命令等により提出された記録媒体について，データの改ざんや消去等が疑われる場合には，裁判所に対し鑑定（民事訴訟法212条）の申出を行い，データ復元を含めたデジタルフォレンジックの手法でのデータ解析鑑定等を検討することになります。

　その他，文書提出命令申立手続等の中でデジタルデータに関連する問題としては，対象データの特定の問題があります。

　文書提出命令の申立て時には，文書の表示や趣旨等を明らかにしなければならないとされ（民事訴訟法221条1項），[3] これを明らかにすることが著しく困難であるときは，その申立ての時においては，これらの事項に代えて，文書の所持者がその申立てに係る文書を識別することができる事項を明らかにすれば足りる，と特定に関し一定の救済がなされていますが（民事訴訟法222条），[4] やはりデジタルデータについては，仮にたった

3）民事訴訟法
　　（文書提出命令の申立て）
　221条　文書提出命令の申立ては，次に掲げる事項を明らかにしてしなければならない。
　　一　文書の表示
　　二　文書の趣旨
　　三　文書の所持者
　　四　証明すべき事実
　　五　文書の提出義務の原因
　2　前条第4号に掲げる場合であることを文書の提出義務の原因とする文書提出命令の申立ては，書証の申出を文書提出命令の申立てによってする必要がある場合でなければ，することができない。
4）民事訴訟法
　　（文書の特定のための手続）
　222条　文書提出命令の申立てをする場合において，前条第1項第1号又は第2号に掲げる事項を明らかにすることが著しく困難であるときは，その申立ての時においては，これらの事項に代えて，文書の所持者がその申立てに係る文書を識別することができる事項を明らかにすれば足りる。この場合においては，裁判所に対し，文書の所持者に当該文書についての同項第1号又は第2号に掲げる事項を明らかにすることを求めるよう申し出なければならない。
　2　前項の規定による申出があったときは，裁判所は，文書提出命令の申立てに理由がないことが明らかな場合を除き，文書の所持者に対し，同項後段の事項を明らかにすることを求めることができる。

一つのパソコン内のデータであるとしても，膨大な量の「ファイルやその他データ」が存在し，メールについても様々な人物との間のメールが混在している等の特徴があるため，対象データの特定には一定の困難性が伴うものであるといわざるを得ないところです。実効性の観点を踏まえつつ，対象データの特定について裁判所との調整も必要となるでしょう。

2　SNS運営企業に対する開示請求の可否

(1)　規約に基づく請求

まずは，当該SNSの規約[5]（以下，「SNS規約」といいます。）において，相続人等によるデータの開示方法について規定がある場合には，当該規約に従った開示請求を行うことには問題はないといえますので，規約内容を確認する必要があります。

著名なSNS規約を概観すると，Facebookにおいては，利用者の生前に追悼アカウント管理人の設定を行うことができる等一定のデジタル遺産への対応・説明がありますが，追悼アカウント管理人の権限としては，ダイレクトメッセージの閲覧等は行えないなど，本人と同様のアカウントの使用を認めるものではないようです[6]。ただし，追悼アカウント管理人が設定されていることが前提であると思われる文脈の中では，明確な同意を表明した遺言書やその他の法的同意書がある場合において，メッセージ等の通常アクセスが認められない情報へのアクセスの許可がなさ

---

5) 規約が契約に組み入れられる要件についてはQ45参照。本Qでは，要件を満たすものとして検討します。以下同様。
6) Instagramについても，本人死亡の報告による追悼アカウントへの移行や近親者からのアカウントの削除のリクエストが可能とされていますが，やはり，追悼アカウント自体には誰もログインはできず，内容の変更はできないものとされています。

れる場合があることが説明されています[7]。

　なお，各SNS規約については，その企業の本拠地所在地が日本国内で
ないことも少なくなく，日本法を想定した表現となっていないことが見
られます。例えば，前掲の「明確な同意を表明した遺言書」や「他の法
的同意書」が，どのようなものを意味するのかは一義的に明らかではあ
りませんが，遺言書において具体的なSNSサービスのメッセージ機能に
アクセスすることを許可する内容の記載がある場合等には，それをもっ
てSNS運営企業への手続申請を行うことも検討されます。

　その他，前掲のFacebookの規約においては，例外的に，追加のアカ
ウント情報やコンテンツのリクエストを検討するとする記述もあります[8]。
その場合，「正式な代理人（家族など）である証明と裁判所命令を提出
する必要があります。」とされているところ，「裁判所命令」の意義等に
不明な点もありますが，SNS運営企業と折衝を行いつつ，これら規約に
従った手続申請も検討可能です。

　以上のように，SNS規約上に一定の情報開示手続の方法を示すものも
存在するため，まずはそれら規約上の請求について検討することとなる
でしょう。

⑵　利用契約上の地位の相続の可否

　次に，SNS規約において相続人によるメッセージデータ等の開示請求
手続が規定されていない場合においても，開示請求が可能かという点が
問題となります。

---

7 ）Facebookヘルプセンター「追悼アカウント管理人がFacebookからダウンロー
　ドできるデータは何ですか。」
　　https://ja-jp.facebook.com/help/408044339354739
8 ）Facebookヘルプセンター「亡くなった方のFacebookアカウントにあるコンテ
　ンツを請求するにはどうすればよいですか。」
　　https://www.facebook.com/help/123355624495297?helpref=related

　そこで，当該SNSの利用契約上の地位を相続したことに基づいて，完全なアクセス権があるものとしてSNSメッセージ等の開示を要求することができないかが検討されます。

　相続については，相続人は被相続人の財産に属した一切の権利義務を承継する（民法896条）ものとされており，基本的には一切の権利義務を承継することが原則とされています。

　ただし，被相続人の一身に専属したものは，この限りでない（同法896条ただし書）ともされるため，SNSの利用契約が一身専属的なものかという点が問題となるでしょう。

　適切に契約に組み入れられた規約において，当該利用契約は一身専属的（相続人には相続されない）とされるところであれば，基本的にはその規約をもって当事者の意思となり，それに従った結論，すなわち利用契約は相続されずそれに基づく開示請求もできないという結論になるものと考えられます。

　もっとも，後述のとおり，契約自由の原則にも限界は存在し，一方的な規約の変更や不合理な内容の規約等については，該当条項の無効など規約の効力の否定等の可能性はあり得ます。

　次に，明確な規約が存在しない場合についてはどうでしょうか。

　ここで，一身専属的な権利義務とは何かについて検討すると，使用貸借契約における借主の地位（民法599条），委任契約の委任者・受任者の地位（同法653条）等，それが法定されているもののほか，扶養請求権，生活保護受給権[9]，代替性のない債務等のように解釈上一身専属的な権利義務として相続から除かれる権利があるとされています。

　すなわち，枠組みとしては解釈上の一身専属的権利義務・契約というものが想定し得るところであり，あとは契約の内容等の個別具体的事情

9）朝日訴訟・最判昭和42年5月24日民集21巻5号1043頁。

から該当の契約が性質上一身専属的といえるか否かの検討を行うということになると考えられます。

　直接的に相続の否定や一身専属的である旨の規定がない場合においても，実名による登録，当初の登録者以外へのアカウント譲渡の禁止等が規約上規定されている場合においては，一身専属的な契約であるとされる可能性があるものと考えられますが，それら規定をもって直ちに一身専属的契約であるとの認定がなされるとは考えられない点には，注意が必要です。

　インターネット上の情報等では規約の解釈として「第三者への譲渡禁止」とする規定をもって「相続も不可」であると断定するような解説も見受けられますが，一般的には「第三者への譲渡」とは特定承継を指し，包括承継を含むものではないと解され，第三者への譲渡禁止規定をもって直ちに相続も不可という解釈にはならないと考えられます。

　なお，参考までにSNSアカウントの相続の可否について国外の裁判例について目を向けると，地下鉄に轢かれて亡くなった被相続人（子供）についての死の原因（自殺だったのか否か等）の調査のため，相続人（親）がその被相続人のアカウントへのアクセスの許可をFacebookに求めたドイツの裁判例においては，ドイツ連邦裁判所において，相続人による被相続人アカウントの相続を認める判決が出されています[10]異なる法制度を前提とした裁判例であり，直ちに同様の議論が可能というものではないと思われますが，検討の視点や考え方などにおいて先例的な意味合いは小さくないものと考えられます。

　なお，SNSの利用関係についてデータの保管等の運用管理を任せるという側面等から，その契約の性質は準委任的性格が強いとして，委任者

10）朝日新聞デジタル「FB，本人死後に『遺族の閲覧可能』独裁判所が判決」（2018年7月13日）との記事。
　https://www.asahi.com/articles/ASL7F6RP4L7FUHBI02Z.html

の死亡による委任契約の終了（民法656条，653条１号）による利用契約
の終了を導く考え方もあります。ここでSNSの性質について検討すれば，
アップロードしたデータあるいはSNS上で作成したデータの保管等の運
用管理を任せるという側面は，おそらくほとんどのSNSで共通の性質で
あると考えられるため，この見解に基づけば，準委任契約としての性質
上（強行規定ではなく解釈による継続の可能性はあるにせよ），原則的に
SNSの利用契約は委任者（ユーザー）の死亡により終了し，相続はされ
ないという結論となると思われます。

　しかしながら，委任契約が死亡とともに終了するとされるのは，委任
契約が当事者の信頼関係に基礎を置く契約であることがその趣旨とされ
ています[11]が，SNSの実態について検討すれば，必ずしもその趣旨に合
致するわけではないのではないかと考えられます。

　SNS運営企業及びユーザーは，個人の属性や人的信頼関係に基づいて
契約を締結しているわけではなく，SNSはむしろ（データ収集や広告収
入獲得等のために）個人の属性や個別の信頼関係にかかわらず広範に登
録（契約）を募集していると考えられるためです。

　なお，民法656条，653条１号は強行規定ではなく，黙示の合意や契約
解釈による契約継続の可能性はあると解されますが，SNSの利用契約に
おいて，どのような場合がそれに当たるかは明確ではないものと思われ
ます。

　SNSにデータ保管等の運営管理に関する準委任的要素があるとは考え
られますが，その他の要素・性質も複合的に存在しており，また上記の
ような各点からは，SNS利用契約について準委任的要素を根拠として
ユーザーの死亡により契約が終了すると解することは，あまり実態にそ
ぐわないところといえるかもしれません。

11）我妻榮ほか著『我妻・有泉コンメンタール民法　総則・物権・債権〔第２版追
　　補版〕』（日本評論社，2010）1179頁。

　アカウントの相続が認められる場合には，当該アカウントにアクセスしてデータを取得することが想定され，不正アクセス禁止法との関係も問題となり得るものと思われますが，アカウントの相続が認められる場合には，アカウントの相続人はまさに正当な利用権限者であるといえ，不正アクセス禁止法に違反するとは考えられないと思われます。

(3)　利用契約の承継が否定される場合の開示請求の可否

　①　委任契約に関する付随義務又は報告義務に基づく請求の可否

　利用契約が一身専属的であるとされ契約が終了した場合においても，委任契約の規定の類推適用等に基づき情報の開示請求の可能性を模索する考え方[12]も存在します。

　委任契約における善管注意義務（民法644条）の一内容としての不随義務として情報の返還義務を認めるべきとの見解，委任契約終了に伴う報告義務（同法645条）として情報の開示義務を認めるべきとの見解などです。

　この点に関連して，民法644条，645条の趣旨について，「委任事務等の処理状況を正確に把握するとともに，受任者の事務処理の適切さについて判断するためには，受任者から適宜上記報告を受けることが必要不可欠であるため」として金融機関の取引履歴の開示義務及びそれについて預金者の死亡により相続人に相続されることから，預金口座の取引経過の開示を認めた判例[13]があります。

　SNSメッセージが銀行の取引履歴のように「事務処理の適切さについて判断するため」のものとは必ずしもいえないところかとは考えられま

---

12)　利用契約の終了後の情報開示請求の法的根拠について検討するものに，吉井和明「遺族によるウェブサービス上の故人のデータへのアクセスの可否」情報ネットワーク・ローレビュー13巻2号78～81頁（2014）。
13)　最判平成21年1月22日民集63巻1号228頁・判タ1290号132頁。

すが，利用契約上の地位の相続を否定することによりSNSアカウント自体を相続して将来に向かってのアカウントの引継ぎ利用を否定しつつも，過去のデータについての受領を可能とする点で，価値判断としての結論については一定の妥当性もあるものと考えられ，後述の訴訟手続内における文書提出命令等の文書開示手続自体が必ずしも有効に機能しないことも想定される中で，このような考え方による請求については検討に値するものと考えられます。

② 著作権に基づく請求の可否

パワーハラスメントの証拠となり得るメールデータについては，一般的には著作権の対象となるデータとなるかは疑問があるところではありますが，ここでデータに対する開示請求に関する法律構成の検討の一環として，写真画像，原稿，楽曲等の著作権の対象となるデータについて，著作権に基づきデータの引渡しを請求することができるかという点についても検討しておきます。

ここで著作権法において「侵害の行為を組成した物，侵害の行為によつて作成された物又は専ら侵害の行為に供された機械若しくは器具の廃棄その他の侵害の停止又は予防に必要な措置を請求することができる。」（著作権法112条2項）[14]とされており，まず当該請求権に基づく侵害組成物等の引渡請求が可能であるかが問題となりますが，同条項は「侵害の停止又は予防に必要な措置」の範囲での請求が可能であるとするのみであり，侵害組成物等の引渡請求までを認めるものとは考えられないとい

14）著作権法
　　（差止請求権）
　112条2項
　　　著作者，著作権者，出版権者，実演家又は著作隣接権者は，前項の規定による請求をするに際し，侵害の行為を組成した物，侵害の行為によつて作成された物又は専ら侵害の行為に供された機械若しくは器具の廃棄その他の侵害の停止又は予防に必要な措置を請求することができる。

う見解が一般的と思われます[15]。また，同条項に基づきデータの引渡しを導く見解も検索されないところです。

(4)　通信の秘密との関係

　SNS運営企業は電気通信事業法における電気通信事業者に該当する可能性があるところ，電気通信事業者は通信の秘密を侵してはならないとされています（電気通信事業法4条[16], 179条）。SNSにおいては，ユーザー間で個別のやり取りをするメッセージ機能が付帯していることが多いものと思われますが，この個別メッセージについては，「電気通信設備を用いて他人の通信を媒介」しているものと考えられ，電気通信役務に該当し，当該役務を提供する事業者として電気通信事業者に該当するものと思われます[17]。

　ここで，規約上又は規約の解釈上，相続人が利用契約上の地位を相続しアカウントへアクセスする権利が存在する場合や委任契約に関する付

15）岡村久道『著作権法（第3版）』（民事法研究会，2014）470頁など。
　　裁判例として，東京地判平成18年6月30日では「なお，原告が著作権法112条2項の規定に基づき，本件CD-Rの引渡しを求めるものだとしても，同項は，権利侵害の停止又は予防に必要な限度で著作物が記録された有体物の廃棄等を請求することができるに止まり，著作権者にその引渡請求権を認めたものではないから，同項に基づく請求も理由がない。」とされています。ただし，有体物である情報化体物の引渡しが求められた事例であり，情報・データの引渡し・開示は請求されていない事例となります。。
　　裁判所ウェブサイト：http://www.courts.go.jp/app/files/hanrei_jp/280/033280_hanrei.pdf
16）電気通信事業法4条
　　電気通信事業者の取扱中に係る通信の秘密は，侵してはならない。
17）総務省「電気通信事業における個人情報保護に関するガイドライン（平成29年総務省告示第152号）の解説」（平成29年4月）11頁参照。
　　http://www.soumu.go.jp/main_content/000480375.pdf
　　以下，11頁抜粋
　　「『電気通信事業者』とは，電気通信事業法上は，電気通信事業を営むことについて，登録，届出という行政上の手続を経た者をいうが，同じサービスを提供しながら本来行わなければならない手続を経ていないという理由でガイドラインの対象外となるのは不合理であることから，本ガイドラインでは，こうした手続の有無にかかわらず，電気通信事業法上の電気通信事業を行う者を対象とする。」

随義務の一環としてのデータ開示が認められる場合等において，上記通信の秘密との関係が問題となり得るところです。

　通信の秘密を侵してはならないという制限も，通信当事者の有効な同意がある場合や同意がない場合であっても正当業務行為（刑法35条）等に該当する場合などの違法性阻却事由がある場合には及ばないものとされます。[18]

　そして，相続人が利用契約上の地位を相続し，アクセス権限があるとされる場合や委任契約に関する付随義務の履行請求権としての報告請求権が相続人に相続される場合には，当該アクセスを許可することは正当業務行為に該当するとの考え方もあり得るところではないでしょうか。

　実質的な価値判断としては，被相続人の通信相手との関係では，通信相手が期待するプライバシーは，これまでも存在していた（デジタル遺産ではない）有体物である手紙については，相続の場面ではこの有体物である手紙は当然に相続人に相続され，その内容が相続人に知れる可能性があるものであったのであり，プライバシーに対する期待もこの範囲でのものとなるとも考えられるかもしれません。

　ただし，いずれにせよ通信の秘密の侵害への該当性については，不透明性が残るといわざるを得ない点が難しいところです。

　以上のように，SNS運営企業がメッセージ等のデータの開示について規約上これを認めていない場合において，上記(2)～(4)の解釈次第ではメッセージ等のデータを開示請求する権利を観念することが可能な場合もありますが，いずれの考え方も統一的見解等とはいえない状態といえますので，訴訟に至らない段階で，SNS運営企業側において，通信の秘密等の相反する権利との関係・較量も踏まえ，開示の可否を判断するこ

18）電気通信事業法における通信の秘密について整理したものに，総務省総合通信基盤局電気通信事業部消費者行政第二課「電気通信事業法及び通信（信書等を含む）の秘密」（平成30年8月10日）等があります。

とは容易ではないものと考えられます。

したがって，現実問題としては，裁判所が関与する手続以外における
メッセージ等のデータ開示の可能性については難しい部分があるといわ
ざるを得ないところです。なお，任意の開示が得られない場合において，
上記(2)・(3)のような理由付けに基づく訴訟による請求の可能性もあると
考えられます。

(5) 文書提出命令，弁護士会照会の利用

次に，利用契約の相続が否定され，その他解釈による開示請求権も否
定され，あるいは事実上SNS運営企業による開示が得られない等の場合
には，[19] 訴訟提起後の文書提出命令の利用，代理交渉や訴訟遂行に関する
弁護士への依頼を前提に弁護士会照会（弁護士法23条の２）による情報
の開示請求も検討され得ます。

私見ではありますが，文書提出命令については，電気通信事業者によ
る通信の秘密の侵害の禁止も，正当業務行為等については違法性が阻却
されるものと解されるところ，裁判所による文書提出命令に応じること
は正当業務行為と考えられるのではないかと思われます。ただし，事実
上，通信の秘密を理由として回答を拒絶する対応を行う企業も発生し得
ると考えられます。

その他，SNS運営企業における規約において，裁判所からの命令等に
ついて通信の秘密の例外とする規定が置かれていることも少なくないよ
うであり，この場合には，文書提出命令に応じる企業もあると考えられ
ます。

弁護士は受任している事件について，所属弁護士会に対し，公務所又
は公私の団体に照会して必要な事項の報告を求めることを申し出ること

---

19) なお，文書提出命令，弁護士会照会等は最終手段として検討すべきとの意図は
ありません。併行的な検討が可能と考えられます。

ができる（弁護士法23条の２）とされています。この弁護士会照会と電気通信事業法の通信の秘密との関係について，前掲注17の「電気通信事業における個人情報保護に関するガイドライン（平成29年総務省告示第152号）の解説」においては，「法律上の照会権限を有する者からの照会（……弁護士法第23条の２第２項，……）等がなされた場合においては，原則として照会に応じるべきであるが，電気通信事業者には通信の秘密を保護すべき義務もあることから，通信の秘密に属する事項（通信内容にとどまらず，通信当事者の住所・氏名，発受信場所，通信年月日等通信の構成要素及び通信回数等通信の存在の事実の有無を含む。）について提供することは原則として適当ではない。」[20]とされ，電気通信事業法の通信の秘密の不侵害が優先すると解される説明がなされています。

　これについては，弁護士会照会への回答は公的な義務であるとされている[21]ことから，文書提出命令と同様，これに対する回答については正当業務行為に当たると解すべきであるとする見解もあり得るものと思われますが，結論は不透明といわざるを得ません。

　その他，上記文書提出命令と同様，規約上通信の秘密の例外として除外規定を置いているSNS運営企業も存在する可能性もあり，そのような場合には当該SNS運営企業からの照会への応答が期待できるため，規約も確認しつつ照会を検討してみてよいと考えられます。

　総じて，SNS運営企業に対する開示請求に関する実務的な流れとしては，まず規約に基づく開示請求の可能性を検討し，開示請求に対応する規約があればこれに基づく開示請求手続を行い，規約がない場合において上記(2)・(3)のような理由付けに基づく（訴訟外の）開示請求・協力要請を行い，それらが功を奏しない場合に，上記(2)・(3)のような理由付け

---

20)　前掲注17『電気通信事業における個人情報保護に関するガイドライン（平成29年総務省告示第152号）の解説』61～62頁。
21)　京都地判平成19年１月24日判タ1238号325頁など。

に基づく訴訟による請求，又は弁護士会照会，若しくは訴訟提起を前提
とした文書提出命令等の申立てという手続を検討することになると考え
られます。

プリペイド（チャージ）方式の電子マネーと相続

プリペイド（チャージ）方式の電子マネーの相続はできますか？

Answer

　「電子マネー」とは，日本銀行の定義によれば，「一般に，利用する前にチャージを行うプリペイド方式の電子的な決済手段を指します。」とされています。

　電子マネー取引の法的性質については，現状は確定的な見解はないものと思われますが，金銭債権構成，債務引受構成，支払指図構成等の法律構成が検討されています。ただ，いずれの法律構成においても電子マネー発行者に対する債権的請求権の存在，及びその相続が観念できると考えられます。

　実質的な側面から検討しても，現金を対価としてほぼ現金と同様の機能を担う電子マネーについて，これが相続対象となると考えるのが通常の契約者の意識であると考えられます。

　プリペイド（チャージ）方式の電子マネーについては，資金決済法上の前払式支払手段に該当すると解され，払戻しの可否については別途問題となります。

解　説

1　電子マネー

　「電子マネー」とは，日本銀行の定義によれば，「一般に，利用する前にチャージを行うプリペイド方式の電子的な決済手段を指します。」と

されています[1]。使用した金額が後払いで請求されるポストペイ方式の電子マネーは，この定義からは外れることとなりますが，相続の側面で特に検討を要すると考えられるのは，前払いにて現金を残高としてチャージした場合の残高の回収という点が問題となるプリペイド方式の方であると考えられることから，本Qで取り扱う電子マネーはプリペイド方式の電子マネーを指すものとして，検討することとします。

　電子マネーには，電車，バス等の公共交通機関での使用をメインとした交通系電子マネーやコンビニ等でのショッピングをメインとした流通系電子マネーなどが存在します。

　簡単な導入手続で使用できるメリットの反面としてチャージ可能な上限金額は低めに設定されていることがその特徴といえます。

　利用者の意識としては，ほぼ現金と同様に使用可能な財産的価値として，相続対象財産として考えていることが通常ではないでしょうか。

2　電子マネー取引の法的性質

　電子マネー取引の法的性質については，現状は確定的な見解はないものと思われますが，金銭債権構成，債務引受構成，支払指図構成等の法律構成が検討されています[2]。

　金銭債権構成は，電子マネー取引を電子マネー発行者に対する金銭債権を取得し，物品等販売業者との売買等に伴うデータ移転により，当該金銭債権が物品等販売業者へ移転すると構成するものとなります。この

1）日本銀行ホームページ＞公表資料・広報活動＞日本銀行の紹介＞教えて！
　にちぎん＞銀行券（お札）と貨幣（硬貨）＞「電子マネーとは何ですか？」
　https://www.boj.or.jp/announcements/education/oshiete/money/c26.htm/
2）電子マネーの法的性質に関する法律構成のまとめについて「電子マネーの
　私法的側面に関する一考察―『電子マネーに関する勉強会』報告書―」金融研究
　16巻2号8〜9頁（日本銀行金融研究所，1997年6月）。

金銭債権の移転の理論構成については，債権譲渡や更改（民法515条）が考えられます。

　債務引受構成では，電子マネーの使用により，電子マネー発行者が物品等販売業者のユーザーに対する代金債務等の債務を引き受けると構成します。

　また，支払指図構成においては，ユーザーが電子マネー発行者に対し指図に従い支払をなすことを委託し，ユーザーと物品等販売業者との売買等に伴うデータ移転により，ユーザーは電子マネー発行者に支払権限を授与し，また，物品等販売業者に電子マネー発行者からの支払を受領する権限を授与すると考えます。

　ユーザーにおける相続との関係においては，上記三つの構成・考え方のいずれにおいても，電子マネー発行者に対する債権的請求権の存在，及びその相続が観念できると考えられます。

③　払戻しの可否

　仮に，規約上又は契約解釈上，契約上の地位が一身専属的なものであると解され，電子マネーアカウント自体をそのまま相続（名義変更等）することができない場合に，払戻しを受けることができるかについては問題となります。

　ここで，払戻しについては，プリペイド（チャージ）方式の電子マネーについては，資金決済法上の前払式支払手段に該当すると解され，資金決済法20条１項に規定される払戻し義務がある場合のほかは，払戻しは原則的に禁止（同法20条５項）されていることから，当該資金決済法との関係についても検討を要するところです。

　ここで，資金決済法の払戻しの原則禁止の例外的な場合として「払戻金額が少額である場合その他の前払式支払手段の発行の業務の健全な運

営に支障が生ずるおそれがない場合として内閣府令で定める場合」（同法20条5項ただし書）には払戻しが可能とされているところ，同法の規定を受けた「前払式支払手段に関する内閣府令」42条3号[3]においては「保有者のやむを得ない事情により当該前払式支払手段の利用が著しく困難となった場合」が挙げられています。

　ユーザーの死亡により電子マネーアカウント自体（利用契約上の地位）を相続できないという事情が発生した場合には，保有者のやむを得ない事情により当該前払式支払手段の利用が著しく困難となった場合に該当するものと考えられる可能性もあるところではないでしょうか。

4 結論

　以上のとおり，電子マネーの法的性質等の観点から，電子マネーについては相続が可能であるものと考えられ，実質的な側面から検討しても，現金を対価としてほぼ現金と同様の機能を担う電子マネーについて，これが相続対象となると考えるのが通常の契約者の意識であると考えられます。仮に，電子マネーアカウントの相続はできない，かつ，払戻しも

3）前払式支払手段に関する内閣府令（平成22年内閣府令第3号）
　（払戻しが認められる場合）
　42条　法第20条第5項に規定する内閣府令で定める場合は，次の各号のいずれかに該当する場合とする。
　　一　基準日を含む基準期間における払戻金額（法第20条第1項及び第3号の規定により払い戻された金額を除く。次号において同じ。）の総額が，当該基準日の直前の基準期間において発行した前払式支払手段の発行額の100分の20を超えない場合
　　二　基準日を含む基準期間における払戻金額の総額が，当該基準期間の直前の基準日における基準日未使用残高の100分の5を超えない場合
　　三　保有者が前払式支払手段を利用することが困難な地域へ転居する場合，保有者である非居住者（外国為替及び外国貿易法（昭和24年法律第228号）第6条第1項第6号に規定する非居住者をいう。）が日本国から出国する場合その他の保有者のやむを得ない事情により当該前払式支払手段の利用が著しく困難となった場合

しないというような規約については，合理性を欠く条項として無効等の主張も検討され得るものと考えられます。規約の有効性等の詳細は，**Q45**もご参照ください。

39 アフィリエイト利用の調査・確認と報酬・アカウントの相続

被相続人（故人）はアフィリエイト広告で収入を得ていたというような話を聞いています。

被相続人の相続財産のどのような部分を調査すれば，具体的なアフィリエイト契約や利用しているASP（アフィリエイト・サービス・プロバイダ）を特定することができるでしょうか？

また，アフィリエイトの報酬やアカウントは相続可能なのでしょうか？

他に，被相続人がアフィリエイトサイトを管理・運用していた場合の相続時の注意点も教えてください。

Answer

アフィリエイト広告とは，「販売事業者のサイトへのリンク広告を貼るサイトに対し，リンク広告のクリック回数等に応じた報酬が支払われる広告手法」等と定義されますが，近時，自身のWEBサイトやブログへの一定の訪問者の存在を前提に，アフィリエイト広告で収入を得る方々も増えています。

相続人において被相続人がアフィリエイトを行っていたか否かを調査・確認するためには，まず，広告収入の銀行口座への入金記録からの探知が想定されます。

また，各デジタル機器へのアクセス権がある場合には，相続財産であるパソコン等のデジタル機器のブラウザ内情報などからの探知，例えば，ブログ等作成のためのソフトウェアの管理画面の登録，ASPアカウントの管理画面の登録等があることが想定されます。

　また，ASPから送信される，アフィリエイト報酬の振込通知
メールや報酬発生通知メールからの探知，その他確定申告関係書
類等からの探知もあり得るところでしょう。

　APS利用時にはアカウントを作成するところ，このアフィリエ
イトアカウントの相続の可否については，ASP（アフィリエイト・
サービス・プロバイダ）との間の利用契約の内容を確認する必要が
あると考えられます。

　利用契約上，相続が否定されているものについては基本的には
アフィリエイトアカウントの相続は難しいものと考えられます。

　なお，アカウント自体の相続が契約上否定される場合において
も，既に発生した報酬請求権については通常の債権として，相続
の対象となると考えられます。

　その他，相続時の注意点として，アフィリエイト契約において
は，アフィリエイターとしての義務も存在するところであり，適
切なWEBサイトの管理が要求されるため，ASPに連絡を行い，
契約を終了させることが望ましいと考えられます。

解　説

① アフィリエイト利用の有無の調査

　近時，導入の手軽さ等から，成果報酬型の広告手法であるアフィリエ
イトを利用して収入を得ているという方々も増加しています。

　アフィリエイト広告とは，「販売事業者のサイトへのリンク広告を貼
るサイトに対し，リンク広告のクリック回数等に応じた報酬が支払われ
る広告手法」[1]等と定義されます。

1）内閣府・第53回消費者委員会（2011年 5 月13日）
　　資料 3 - 3 「インターネット取引に係る消費者の安全・安心に向けた取組につ

　広告主とWEBサイト運営者との間で直接広告掲載に関する契約を行う方式[2]と，広告主とWEBサイト運営者を仲介するASP（アフィリエイト・サービス・プロバイダ）（以下「ASP」といいます。）との間で利用契約を結んでこれを行う方式があります。一般的なユーザーがアフィリエイト広告によって成果報酬を受領する場合には，ASPを利用した方式が多いのではないかと思われます。ASPは，成果報酬の支払や広告を配信するためのシステムの提供等を行っています。

【アフィリエイトのビジネスモデル（ASPが仲介する場合の例）】

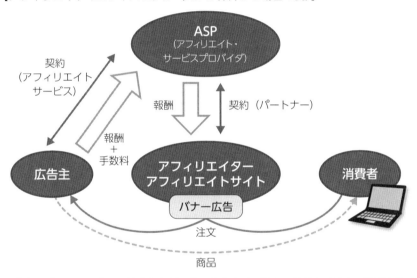

消費者庁「インターネット消費者取引に係る広告表示に関する景品表示法上の問題点及び留意事項」（平成23年10月28日（一部改定　平成24年5月9日））

　相続人において被相続人（故人）がアフィリエイトを行っていたか否かを調査・確認するためには，まずは，広告収入の銀行口座への入金記

いて」（消費者庁，平成23年3月）8頁。
　https://www.cao.go.jp/consumer/iinkai/2011/053/doc/053_110513_shiryou3-3.pdf
2）当該方式では，ASPの用意するアフィリエイトアカウントに関する問題は発生しません。

録からの探知が想定されます。定期的な報酬の振込みが特定の企業から
なされており，当該企業を検索したところASPであったという流れでの
探知となるでしょう。

　また，各デジタル機器へのアクセス権がある場合には，相続財産であ
るパソコン等のデジタル機器のブラウザ内情報などからの探知も想定さ
れるところでしょう。

　すなわち，アフィリエイト広告による成果報酬を獲得するには自ら相
応の訪問者（アクセス）数のあるブログやWEBサイトの運営を行わなけ
ればなりません。したがって，パソコン内にはそれに関連したブック
マーク，例えば，ブログ等作成のためのオープンソースソフトウェアの
管理画面の登録，ASPアカウントの管理画面の登録等があることが想定
されます。

　また，ASPから送信される，アフィリエイト報酬の振込通知メールや
報酬発生通知メールからの探知も想定されます。

　その他，アフィリエイトによる収入があるということであれば，確定
申告関係書類等からの探知もあり得るところでしょう。

② アフィリエイト報酬・アカウントの相続

　本書におけるこれまでのQ18・Q29等に関する説明と構造は類似しま
すが，相続の場面においては，相続人は被相続人の財産に属した一切の
権利義務を承継する（民法896条）ものとされており，基本的には一切
の権利義務を承継することが原則とされています。ただし，被相続人の
一身に専属したものは，この限りでない（民法896条ただし書）ともされ
るため，ASPとの利用契約，[3] 及びレンタルサーバ業者やプロバイダとの

3）広告主と契約を行う方式においては，その契約の相続の可否が問題となります。

間の契約が一身専属的なものかという点が問題となり，各利用契約・規約[4]の内容を確認する必要があると考えられます。

　ここで，現時点で著名と考えられるASPの規約をいくつか確認した限りにおいて，「相続」に関する手続を明示的に規定しているものは見かけられませんでした。一部，死亡時の報酬受取り名の変更手続を規定するプロバイダ[5]も確認されますが，アカウント自体の相続を肯定する内容か否かは不明なところです。

　他方で，会員登録の抹消・退会事由に「本人の死亡」を挙げる規約も見受けられ，そのような場合には，契約の内容として相続を否定しているものと解されますので，アカウント自体を相続し引き継ぐことは難しいものと考えられます。

　もっとも，アフィリエイトが相当の経済的利益を生む状態である場合に，その価値の根本となっているものは，アフィリエイターが作成・管理するWEBサイト自体であるものと考えられます。

　そして，WEBサイトについては，**Q17**で述べたように，著作権の対象として，その権利の相続をし得るところであり，相続人においてアフィリエイトの知識があり，今後もWEBサイトの管理を通じて利益を上げたいという場合には，当該WEBサイトを相続した相続人において，再度ASPとの間で自らの名義で登録を行うことで，おおむね同様の目的は達成されるのではないかと考えられます。ここで「おおむね」と述べているのは，ASPの中には，アカウントのこれまでの実績によって報酬額が増加する等のルールを設定しているものもあり，この意味において

4）規約の契約への組入れ要件については**Q45**参照。
5）Goodleヘルプ＞AdSense＞ヘルプセンター＞お支払い受取人の名前を変更する
　「利用規約ではアカウントの所有権の譲渡は認められていませんが，つづりの間違いの訂正や，結婚，死亡，会社の合併などによる変更のために，お支払い受取人の名前を更新することは可能です。」
　https://support.google.com/adsense/answer/160202?hl=ja

アフィリエイトアカウント自体に経済的価値も観念できることから，アカウント自体の相続承継とは，それらの点で異なり得るということになります。

　なお，アカウント自体の相続が契約上否定される場合においても，既に発生した報酬請求権については通常の債権として，相続の対象となると考えられます。

　その他，相続人においてアフィリエイトの知識がなくWEBサイトの管理もできないということであれば，アフィリエイト契約においては，アフィリエイターとしての義務も存在するところであり，適切なWEBサイトの管理が要求されるため，ASPに連絡を行い，契約を終了させることが望ましいと考えられます。

　例えば，ASPの利用規約において，広告期間終了時や契約終了時，管理WEBサイトからリンク等を直ちに削除しなければならないという義務を課していることが少なくないところ，そのような義務違反として思わぬ賠償請求等を受けてしまう恐れも否定できないところでしょう。

被相続人（故人）のメールの確認の可否

被相続人（故人）はメールを利用していました。

相続人としては，デジタル遺産の存在の有無の調査等のために，被相続人のメールを確認したいと思っていますが，可能でしょうか？

Answer

　所有権を相続したパソコン，スマートフォン等のデジタル機器内に既に保存されているメールの閲覧については，未受信のメールやWEBメールに関する相続の問題に比して，問題となる可能性は低いものと考えられます。

　未受信のメールやオンラインサービスであるWEBメールについては，**Q37**のSNSサービスと同様の問題があると考えられ，まずは，規約上，相続人によるデータの開示請求手続の規定がある場合には，それに従った開示手続が検討されます。

　規約がない場合には，実体法上，利用契約上の地位の相続の可否，利用契約上の地位が相続できず終了する場合のデータ開示請求の可否を検討することとなります。詳細については**Q37**をご参照ください。また，上記実体法上の議論とは別に，弁護士会照会や訴訟手続における文書送付嘱託申立，文書提出命令申立によるメールデータの開示請求が検討されます。

解　説

1　オフラインのデジタル遺産としてのメール

　所有権を相続したパソコン，スマートフォン等のデジタル機器内に既に保存されているメールの閲覧については，未受信のメールやWEBメールに関する相続の問題に比して，問題となる可能性は低いものと考えられます。当該デジタル機器に対して適切なアクセス権のある相続人が受信済みのメールを閲覧することに関する被相続人（故人）のプライバシー権との関係については，故人のプライバシー権につきQ33においても説明のとおり，基本的には死者のプライバシー権の侵害行為には当たらないものと考えられます（相続人の数や近親者の存在の有無，及び死者の人格権に関し依拠する説によっては理論上問題が発生する可能性がないとはいえない点については，Q33参照）。

　その他，差出人のプライバシー権やメール文章に対する著作権等も想定され得るところ，プライバシー情報の公開や著作権の対象となり得る文章に関する著作権の行使と考えられる行為は別の問題となります。当該デジタル機器に対して適切なアクセス権のある者が受信済みのメールを閲覧するだけの行為については（プライバシー権の内容は時代とともに変遷があり得るところではありますが。），それ自体が直ちにプライバシー権や著作権の侵害として紛争となる可能性は低いものとは考えられます[1]。

　保護されるべき法益との関連という点では，有体物である郵便物の場合には，差出人としても，その所有権が相続人に相続され，相続人の目に触れる可能性があることは認識されているはずであると考えられ，一

---

1 ）ただし，（相続の場面とは大きく異なり，また，事案ごとに特殊性があると考えられますので）参考までとなりますが，労働組合による乗務員の個人情報の収集等についてプライバシー侵害による不法行為の成立が認められた裁判例（東京地判平成22年10月28日労判1017号14頁）も存在し，プライバシー情報の収集という行為について不法行為が成立する可能性がゼロとはいえないとは考えられます。

定程度は電子メールについても，このような状況が当てはまるところではないでしょうか。

　なお，共同相続人との間で共有状態となっているデジタル機器内のメール確認については，内部データが著作権等の権利の対象となっている可能性があり，場合により誤操作などでそれらデータの消失の可能性がないとはいえないことから，あらかじめ共同相続人の同意のもと確認・調査を行うことが望ましいと考えられます。

2　オンラインのデジタル遺産としてのメール

　被相続人のデジタル機器端末には未受信かつメールサーバ上に存在するメールやオンラインサービスであるWEBメールについては，Q37のSNSサービスと同様の問題があると考えられます。

　まずは，規約[2]上，相続人によるメールデータの開示請求手続の規定がある場合には，それに従った開示手続が検討されます[3]。

　相続人によるメールデータ開示請求手続に関する規約がない場合には，Q37と同様，実体法上の話として，利用契約上の地位の相続の可否，利用契約が相続できず終了する場合のメールデータ開示請求の可否を検討することとなります。電気通信事業法の通信の秘密の保護との関係も問題となるところです。詳細についてはQ37をご参照ください。

　電子メールの相続についての考え方として，これまで有体物たる手紙

2）なお，規約が契約に組み入れられる要件についてはQ45参照。
3）事前の設定が必要な話とはなりますが，例えば，有名なWEB上のメールであるGmailを含めたGoogleのアカウントについては「アカウント無効化管理ツール」というものが用意されています。この管理ツールを使用して，あらかじめ設定を行うことで，一定の期間アカウントを利用していない状態が続いた場合，他のユーザーにメールで通知し，アカウントのデータの一部を公開できるとされていますので，このような規約の有無，規約に基づく設定の有無についても確認し，いずれかの被相続人以外のメールにデータが送信されていないか等を確認することも検討されます。

の所有権は相続され，相続人がその内容を見ることはあり得たことと同様，デジタル遺産についても，それら手紙と同様に相続されるべきであるという考え方もあり得ると思われます（電気通信事業法等との関係が発生し得る点でデジタル遺産は有体物たる手紙と同一とはいえませんが）。

　Q37で言及したSNSへのアクセスに関する相続をめぐるドイツにおける地方裁判所（Landgericht）判決（LG Berlin 2015年12月17日判決）に関する分析においても同趣旨の考え方への言及があるようです[4]。

　もっとも，既に生成されたメールデータの相続の可否の問題と，今後も利用可能なメールアカウントの相続の問題とは利益状況も異なり，有体物たる手紙については，この将来にわたってアカウントを使用するという側面は存在していなかったと考えられる点で完全に同一の議論はできないところとは考えられます。やはりアカウントの相続については，**Q37**と同様，一身専属的であるか否かの解釈とが問題となると考えられます。

　また，上記実体法上の議論とは別に，案件依頼を前提とした弁護士会照会や訴訟手続における文書送付嘱託申立，文書提出命令申立によるメールデータの開示請求が検討されます。

4）　日本においてLG Berlin 2015年12月17日判決について詳細に分析するものとして臼井豊「デジタル遺品の法的処理に関する一考察(1)─ドイツ初のLG Berlin 2015年12月17日判決を中心に─」立命館法學367号145頁（2016年）があります。

第 **4** 章

コンテンツサービス提供企業
からの相談

.

ユーザー死亡後のアカウントの取扱い

SNS（ソーシャル・ネットワーキング・サービス）を運営するに当たり，ユーザーの死後のアカウントの取扱いについて，どのような規約を置けばよいでしょうか？

Answer

　SNS運営企業とユーザーとの間の規律は，原則的には利用開始時にユーザーの適切な同意を得る等，契約組入れの要件を満たした規約の定めに従うこととなると考えられます。

　したがって，死後のアカウントの取扱いについて，アカウントは一身専属的なものであり相続はできないとするも，アカウントの相続を可能とするも規約による設定次第といえるでしょう。アカウントの相続に関連する規約の位置づけ等については**Q37**をご参照ください。

　もっとも，一般消費者との関係においては，ユーザーに一方的に不利な内容の契約・規約については，消費者契約法等の規定により，契約条項が無効となる可能性も存在します。また，定型約款に関する合意不成立を定める改正民法の規定（改正民法548条の2第2項）にも注意を払う必要があります。

　規約の内容自体，合理的な内容となるよう注意しなければなりません。

　その他の注意点としては，インターネット上の情報において，規約の解釈として「第三者への譲渡禁止」とする規定をもって「相続も不可」であると解説するようなものも見受けられますが，一般的には「第三者への譲渡」とは特定承継を指し，包括承継を

内包するものではないといえ，第三者への譲渡禁止規定をもって
直ちに相続も不可という解釈にはならないと考えられる点が挙げ
られます。

　よって，コンテンツ提供企業として「相続」を否定し，ユー
ザー一代のみの使用としたい場合には，その点を明確にした規定
を定めることが望ましいといえます。

解　説

　SNS運営企業とユーザーとの間の規律は，原則的には利用開始時に
ユーザーの適切な同意を得る等，契約組入れの要件を満たした規約の定
めに従うこととなると考えられます。

　相続の場面においては，相続人は被相続人の財産に属した一切の権利
義務を承継する（民法896条）ものとされており基本的には一切の権利
義務を承継することが原則とされていますが，被相続人の一身に専属し
たものは，この限りでない（同法896条ただし書）ともされるため，規約
の内容が問題となります。そして，契約自由の原則のもと基本的にはそ
の規約をもって当事者の意思となり，それに従った結論になるものと考
えられます（契約自由の原則の限界についてはQ45参照）。したがって，死
後のアカウントの取扱いについて，アカウントは一身専属的なものであ
り相続はできないとするも，アカウントの相続を可能とするも規約によ
る合意内容次第といえるでしょう。アカウントの相続に関連する規約の
位置づけ等についてはQ37をご参照ください。

　もっとも，一般消費者との関係においては，ユーザーに一方的に不利
な内容の契約・規約については，民法上の信義誠実の原則（1条2項）
や公序良俗（90条）規定の違反，又は消費者契約法の規定により，契約
条項が無効となる可能性も存在します。また，Q45において説明をしま
すが，定型約款に関する合意不成立を定める改正民法の規定（改正民法

548条の2第2項）にも注意を払う必要があります。

　したがって，規約の内容自体，合理的な内容となるよう注意しなければなりません。

　ここで，一般的なSNSの性質について検討すれば，本来的にユーザー個人の人的つながりを元にした個人間のコミュニケーションが想定されるものと考えられ，アカウントの人格が変動することは，そもそも想定されていないことが通常であると考えられます。特に実名登録型のFacebookなどのSNSを想定すれば，あるアカウントを相続人に相続させ，以降相続人が故人として故人アカウントを使用することに意義があるとは思われないところではないでしょうか（実態としては法人や店舗がアカウントを作成していると思われる実例も見受けられますが，そのような利用の仕方の可否も含めて規約を設定するとよいでしょう。）。

　したがって，実名登録型のSNS等において，規約でアカウントを一身専属的なものとして，その相続を否定する規定をしたとしても，不合理な規約と認定される可能性は高くはないところと思われます。もっとも，相続発生のタイミングにおいて，アカウントの相続否定に伴って，ユーザーの利益を一方的に奪うような規約については別途注意・検討を要すると考えられます。

　その他，アカウントの相続を否定する反面として，Q11で見たように，ユーザー本人の要望（設定操作）に基づき一定期間アカウントへのアクセスがないことをトリガーとして一定の人物に選択したデータを開示することを可能とする機能及び規約の設定等の検討も可能と考えられます。

　また，アカウントの相続を否定する場合においても，前掲Q37のドイツの裁判例（LG Berlin 2015年12月17日判決）のように，相続人が一定のデータへのアクセス・開示請求を行うという事象が発生する可能性はあります。

　これについては訴訟も辞さず一切拒否するという考え方もあり得ます

が，他方で請求を一切認めず訴訟等による決着となるよりは，客観的資料に基づく請求への対応の余地はあるものとして，合理的理由及び客観的資料を添えた請求に関しては，連絡窓口等を設定し個別検討するような規約とすることも検討は可能と考えられます。Q37において見たように，通信の秘密の不侵害義務との関係で難しい問題は発生するものの，規約設定時からの時間の経過によりそれらの点を含めた立法的解決，ガイドラインの策定等の社会状況の変化の可能性はあり，それら変化にも対応し得る規約の設定も不可能ではないと考えられます。

　その他の注意点としては，インターネット上では規約の解釈として「第三者への譲渡禁止」とする規約規定をもって「相続も不可」であると解説するような説明も見受けられますが，一般的には「第三者への譲渡」とは特定承継を指し，包括承継を内包するものではないと解され，第三者への譲渡禁止規定をもって相続も不可という解釈にはならないと考えられる点が挙げられます。

　したがって，コンテンツ提供企業としてアカウントの「相続」を否定し，当初ユーザーの一身専属的な使用としたい場合には，その点を明確にした規定を定めることが望ましいといえます。

相続人による被相続人（故人）アカウントへの
アクセス・データ開示の請求

　　　故人であるユーザーの相続人から，アカウントへのアクセ
ス，SNSメッセージの開示の請求をされていますが，どのよ
うに対応すればよいでしょうか？

Answer

　　規約によりアカウントの相続，データの開示を認めている場合
には，それに従い対応を行うこととなりますが，明確な規約が存
在しない場合には，相続によるアカウントへのアクセス・データ
の開示を認めること自体は企業側の判断で事実上可能であるとし
ても，通信の秘密の不侵害義務との関係で企業側の判断のみでは
コントロールできない部分が発生し，難しい対応を迫られること
となります。

　　相続人からの開示請求の理由の合理性・相続関係書類等の確認
を前提に，開示対象となるメッセージの相手方通信当事者からの個
別具体的同意を得た開示の検討等はあり得るものと考えられます。

解　説

　規約によりアカウントの相続，データの開示を認めている場合には，
当該規約所定の手続を要求した上で，対応を行うことになるでしょう
（規約作成段階において，以下に述べるような，利用契約・アカウントの相
続の可否，利用契約終了の場合の開示請求の可否，通信の秘密の保護義務等
との関係について検討済みであり，方針が定まっているものとして）。

　他方で，明確な規約が存在しない場合には，**Q37**において検討したよ
うに，利用契約・アカウントの相続の可否，利用契約終了の場合の開示

179

請求の可否，通信の秘密の保護義務等の様々な点において不確定要素が存在していることから，非常に難しい対応を迫られることになるといわざるを得ません。

　不確定要素とは，実体法上の開示請求が訴訟において認容される可能性（アカウントの相続の認容，あるいはアカウントの相続自体は否定するものの何らかのデータ開示義務の認容等々），規約について消費者契約法等により無効とされる可能性，アカウントの相続による被相続人アカウントへのアクセスを認めること又は開示請求に応じることが通信の秘密を侵害しないか等の点となります。

　明確な規約が存在しない場合において，相続によるアカウントへのアクセス・データの開示を認めること自体は企業側の判断で事実上可能ですが，通信の秘密の不侵害義務との関係では，企業側の判断のみではコントロールできない部分が発生するものと考えられます。

　ここで，通信の秘密を侵してはならないという制限も，通信当事者の有効な同意がある場合や同意がない場合であっても正当防衛，緊急避難，正当業務行為に該当する場合などの違法性阻却事由がある場合には及ばないものと考えられる点は前述のとおりとなりますので，相続人からの開示請求の理由の合理性・相続関係書類等の確認を前提に，開示対象となるメッセージの相手方通信当事者からの個別具体的同意を得て，開示を検討することも不可能ではないかもしれません。

　なお，通信当事者の同意については，「個別具体的かつ明確に同意した場合でなければ原則として有効な同意があるとはいえない。」[1] 等と解されています。

1）総務省・（「アクセス抑止方策に係る検討の論点」に対する意見募集参考・「インターネット上の海賊版サイトへのアクセス抑止方策に関する検討会」第1回配布資料1‐3）「『電気通信事業におけるサイバー攻撃への適正な対処の在り方に関する研究会』における法的整理について」2頁（2019年4月19日）。
　　https://www.soumu.go.jp/main_content/000616163.pdf

厳格な本人確認のないサービスとデータ開示請求

　ユーザー登録時に厳格な本人確認を行っていないサービスもありますが，そのような場合において，相続人と称する方からのアカウントへのアクセス請求やデータの開示請求には，どのように対応すればよいでしょうか？

Answer

　一般的には，厳格な本人確認を行っていないサービスにおいても特定個人と紐づけが可能な情報の入力を受領していることが通常なところではないでしょうか。

　例えば，携帯電話番号情報の入力が考えられますが，そのような場合には当該携帯電話番号の所有者を証する書面，戸籍等の各種公的証明書などアカウントと人物とを結びつける客観的資料の提出に基づき，データ開示請求や削除請求への対応を検討することが可能であると考えられます。

　利用契約上の地位の相続の可否，利用契約の終了に伴う開示請求の可否等の論点については，**Q37**をご参照ください。

解　説

　利用契約上の地位の相続の可否，利用契約の終了に伴う開示請求の可否等の論点については，**Q37**と同様の問題がありますので，**Q37**をご参照ください。ここでは，**Q37**において検討した部分は除いて検討を行うこととします。

　一般的には，厳格な本人確認を行っていないサービスにおいても特定個人と紐づけが可能な情報の入力を受領していることが通常なところで

はないでしょうか。

　例えば，携帯電話番号情報の入力と認証が登録時に要求されるSNS等があるものと思われますが，そのような場合には当該携帯電話番号の所有者を証する書面，当該所有者との相続関係を証する戸籍等の各種公的証明書などによりアカウントのユーザーと開示請求者の関係の確認を行うことが可能であると考えられます。

　これらアカウントと人物とを結びつける客観的資料の提出に基づき，アカウントへのアクセス請求やデータ開示請求への対応を検討することが可能であると考えられます。

利用規約で相続を否定する場合の注意点

　当社の利用アカウントやポイントについて，利用規約で相続を否定する場合の注意点を教えてください。

nswer

　契約の一身専属性やユーザー死亡時の相続を否定する明示的な規定を置く必要があります。

　内容については，消費者に一方的不利益を与える条項について消費者契約法等により無効とされる可能性もあるため，併せてレピュテーションのリスク等も意識しつつ，一方的な利益・不利益を設定するような規約を避けることが望ましいものと考えられます。

解　説

1 明示の必要性

　相続を否定する規約の有効性の点は以下にて検討するとして，明確に「アカウントの相続はできない」，「ポイントの相続はできない」，「利用契約は一身専属的契約であり相続はできない」等とする規約を置くことが重要です[1]。

---

1 ）実際にアカウントに関する第三者への譲渡禁止とともに明確に相続を否定する規約も見受けられます。
　〈LINE利用規約〉抜粋
　　「4.7.　本サービスのアカウントは，お客様に一身専属的に帰属します。お客様の本サービスにおけるすべての利用権は，第三者に譲渡，貸与または相続させることはできません。」
　　https://terms.line.me/line_terms/?lang=ja

　なお，インターネット上などのデジタル遺産関連の解説の中には，規約の解釈として「第三者への譲渡禁止」とする規定をもって「相続も不可」であると解説するようなものも見受けられますが，一般的には「第三者への譲渡」とは特定承継を差し，包括承継を含むものではないと解され，第三者への譲渡禁止規定をもって直ちに相続も不可という解釈にはならないと考えられます。このことは，譲渡制限株式が相続されることや，譲渡禁止特約付き債権が相続されること（預金債権は譲渡禁止特約が付されていることが通常）からも分かるところです。

　したがって，アカウントやポイントの相続を否定するということであれば，単に「第三者への譲渡を禁止する」とのみ規定するだけでは足りず，契約の一身専属性やユーザー死亡時の取扱い・相続に関する明示的な規定を置く必要があると考えられます

2　消費者契約法等による修正の可能性

　契約自由の原則のもと，基本的には契約組入れの要件を満たした規約の内容に従うこととなりますが，**Q45**において述べるように，消費者契約法等により相続一切を否定する規約が後に有効性を否定される可能性がないとはいえないところです。

　ネットショッピング，実店舗でのショッピングを問わず，あらゆる場面においてポイントが発生する現在においては，それらポイントは今後ますます非常に大きな財産的価値となることも想定され，また，ポイントが付与されることを誘因として会員募集を行っている等の事情がある場合においては，相続のタイミングでこれを一方的に消去することが不合理との考え方もあり得るところでしょう。

　実質的な側面から検討をしてみても，相続に関する手続の事務手続の負担は発生するかもしれませんが，仮にポイントを一定の手続のもと相

続させることを可能としたとしても，そもそも既に発生したポイントであり新たな経済的負担が発生するものではないこと，さらには相続人を会員として取り込むことも可能であるなど，ある意味ではサービス提供企業側に利益ともなり得る結果なのではないでしょうか。

　Q32において見たように，マイルについて一定の手続のもと相続を認めている航空会社も存在し，その他，一定の条件のもと家族間でのポイントの共有を認める取扱いを行うなど，一定の相続又は相続同様の効果を可能とする規定を置いている企業もあります。

　やはり重要な観点としては，消費者との関係で合理的な範囲でのルール設定がポイントであると考えられます。

　また，合理的なルール設定という意味では，**Q45**でも説明するように，過去の問題（これまでの故人のレガシーの承継の問題）と将来の問題（将来にわたって当該アカウントを相続させ，相続人に運用・使用させることの妥当性の問題）とを分け，ポイントは一定の手続により相続可能，アカウントは相続不可とするなどの規約も検討可能なところではないでしょうか。

　前掲**Q37**のドイツでの裁判例（LG Berlin 2015年12月17日判決）において相続人が求めたものも，死の原因の調査という過去の問題であり，その他の場合においても一般的には相続人がアカウントへのアクセスを求める理由としては，今後故人のアカウントを運用したいというわけではないことが通常予測され（故人のSNSを故人として今後情報発信等をしたいわけではないであろうということ），そのような場面において相続人が求めていることは，これまでのアカウントの内容を確認するという過去の問題に関する請求であることが多いのではないでしょうか。

　そうであれば，アカウント自体については一身専属的なものであるとしつつも，一定の条件（相続人である証明や開示の必要性を立証する書類の提出，裁判所による文書提出命令等）のもと一定のデータの開示に応じ

るとする規約を置くことも検討できるものと考えられます（通信の秘密
との関係，故人の通信相手の保護法益との関係は別途検討する必要があると
ころではありますが）。

　明示的規定を置くとともに，内容については，消費者契約法，その他
Q45において説明する改正民法等の契約自由の原則を修正する法的枠組
み及びレピュテーションのリスク等も意識しつつ，一方的な利益・不利
益を設定するような規約を避けることが望ましいものと考えられます。

45　利用規約の効力と規約作成上の注意点

　規約は絶対的なものでしょうか？

　各サービス提供企業として，規約を作成する場合の一般的な注意点はあるでしょうか？

Answer

　まず，規約がサービス提供企業及びユーザー間の契約となるためには，利用規約がその契約に組み入れられる要件を満たす必要があります。

　契約への組入れの要件を満たした規約は利用契約として，契約自由の原則のもと，基本的にはその内容は有効であるといえますが，絶対的なものとはいえません。

　一方的に有利な規約条項，著しく不合理な規約条項，一方的な規約の変更等については，消費者契約法（消費者契約法８条〜10条），民法の公序良俗違反（民法90条），信義則違反（同法１条２項），具体的な裁判における適用除外等によりその有効性が否定される可能性があります。

　また，今後施行が予定されている改正民法においても，定型約款に関する合意不成立の場合について規定がなされており（改正民法548条の２第２項），合理的な規約の設定が望まれます。

　したがって，一方的に有利な規約，著しく不合理な規約等の設定を避け，合理的な規約の制定を行うことが望ましいといえます。

━━━━━━━━━━━━━━━━━━━━【　解　説　】━━━━━━━━━━━━━━━━━━━━

1　利用規約の契約への組入れ

　まず，規約[1]がサービス提供企業及びユーザー間の契約となるために
は，当該規約がサービス提供企業とユーザーの契約に組み入れられる必
要があります。

　一般的には，規約がその契約に組み入れられる要件としては，①利用
者がサイト利用規約の内容を事前に容易に確認できるように適切にサイ
ト利用規約をウェブサイトに掲載して開示されていること，及び②利用
者が開示されているサイト利用規約に従い契約を締結することに同意し
ていると認定できることが必要である，とされています[2]。

1）**Q2**の脚注において説明のとおり，不特定多数のユーザーを相手方として画
　一的に取引条件を示す文書としては，例えば，保険取引等については「約款」と
　いう用語が使用されていたりしますが，本書で中心的に取り扱うインターネット
　サービスの利用時の条件を定める文書としては，利用規約・○○規約の名称が使
　用されているケースが多く見受けられるため，本書ではこれら画一的に取引条件
　を示した文書について，利用条件，利用契約等その他名称の文書を含めた意味で
　「規約」という用語を使用することとします。
　　なお，間もなく施行が予定されている改正民法においては，このように画一的
　に取引条件を示す文書に関して，「ある特定の者が不特定多数の者を相手方とし
　て行う取引であって，その内容の全部又は一部が画一的であることがその双方に
　とって合理的なもの」を「定型取引」と定義し，「定型取引」において契約の内
　容とすることを目的としてその特定の者により準備された条項の総体を「定型約
　款」というと定義しています（改正民法548条の2第1項）。一般的には，イン
　ターネットサイトの利用規約は改正民法の想定する定型約款に該当すると思われ
　ます（本**Q**本文参照）。
2）経済産業省「電子商取引及び情報財取引等に関する準則　平成30年7月」20頁。
　https://www.meti.go.jp/policy/it_policy/ec/180801.pdf
　　なお，同準則は，利用規約が契約に組み入れられると認められる場合の例示と
　して以下のようなものを挙げています（同準則20～21頁）。
　「（サイト利用規約が契約に組み入れられると認められる場合）
　・例えばウェブサイトで取引を行う際に申込みボタンや購入ボタンとともに利用
　　規約へのリンクが明瞭に設けられているなど，サイト利用規約が取引条件に
　　なっていることが利用者に対して明瞭に告知され，かつ利用者がいつでも容易
　　にサイト利用規約を閲覧できるようにウェブサイトが構築されていることに
　　よりサイト利用規約の内容が開示されている場合
　・ウェブサイトの利用に際して，利用規約への同意クリックが要求されており，
　　かつ利用者がいつでも容易にサイト利用規約を閲覧できるようにウェブサイト
　　が構築されていることによりサイト利用規約の内容が開示されている場合」

　なお，今後施行が予定されている改正民法においては，定型約款の定義，契約への組入れの要件を規定しています[3]。一般的にはインターネットサイトの利用規約は改正民法の想定する定型約款に該当すると解されますので[4]，サービス提供企業としては規約を契約の内容とする旨をユーザーに表示する等，契約組入れの要件を満たす運用をなす必要があると考えられます。

　利用規約に契約としての効力を期待する場合には，これら契約組入れの要件を満たすような利用規約の表示，ユーザーからの同意等を得る必要があるので注意が必要となります。

② 契約自由の原則と例外

　前述の契約への組入れの要件を満たした規約は利用契約となり，契約自由の原則のもと原則的には有効と考えられます。

　しかしながら，多くのサービス提供企業と利用者の関係を見れば，情報や交渉力の偏在，そもそも個別に規約内容を修正・追記することが不可能であることがほとんどであるといえるところでしょう。

　このような背景のもと，インターネット関連取引のみではなく，消費者にとって不当な契約条項により権利を制限されるといった場面におい

3）改正民法548条の2第1項
　　定型取引（ある特定の者が不特定多数の者を相手方として行う取引であって，その内容の全部又は一部が画一的であることがその双方にとって合理的なものをいう。以下同じ。）を行うことの合意（次条において「定型取引合意」という。）をした者は，次に掲げる場合には，定型約款（定型取引において，契約の内容とすることを目的としてその特定の者により準備された条項の総体をいう。以下同じ。）の個別の条項についても合意をしたものとみなす。
　一　定型約款を契約の内容とする旨の合意をしたとき。
　二　定型約款を準備した者（以下「定型約款準備者」という。）があらかじめその定型約款を契約の内容とする旨を相手方に表示していたとき。
4）法務省民事局「民法（債権関係）の改正に関する説明資料」31頁。
　　http://www.moj.go.jp/content/001259612.pdf

ては，消費者契約法による条項の無効等による修正がなされる場合があります。

　消費者契約法は，消費者の正当な利益を保護するため当該条項の効力を否定する必要性もあるといった考えに基づき制定されており，当該法により規約が無効（消費者契約法8条〜10条）とされる可能性があります。

　その他，やはり規約内容が著しく不合理である場合，不当に一方の権利を制限するような条項等については，民法上の公序良俗違反，信義則違反による無効（民法90条，1条2項），具体的な裁判における適用制限，あるいは事業者間の取引であれば独占禁止法における優越的地位の乱用（独占禁止法2条9項5号）への該当などの可能性もあります。また，今後施行が予定されている改正民法においても「相手方の権利を制限し，又は相手方の義務を加重する条項であって，その定型取引の態様及びその実情並びに取引上の社会通念に照らして第1条第2項に規定する基本原則に反して相手方の利益を一方的に害すると認められるものについては，合意をしなかったものとみなす。」（改正民法548条の2第2項[5]）と定型約款における合意不成立の場合について規定がなされており，いずれにせよ，合理的な規約の設定が望まれます。

　なお，当該改正民法548条の2第2項と消費者契約法10条の関係については，消費者・事業間の交渉力・情報力の格差の存在を考慮して不当な条項を規制し消費者を保護しようとする消費者契約法と定型約款の特殊性に着目した改正民法とで趣旨が異なることや，改正民法については事業者間の取引についても法適用されること，また，各規定文言上要件

5）改正民法548条の2第2項
　　前項の規定にかかわらず，同項の条項のうち，相手方の権利を制限し，又は相手方の義務を加重する条項であって，その定型取引の態様及びその実情並びに取引上の社会通念に照らして第1条第2項に規定する基本原則に反して相手方の利益を一方的に害すると認められるものについては，合意をしなかったものとみなす。

が異なり判断に差異が生じ得る[6]こと，効果として消費者契約法10条は条項の無効となりますが改正民法では合意が成立しなかったものとみなすとされるなど，差異が存在します。

3　個人ユーザーとの規約

　消費者契約法において，「消費者」とは，個人（事業として又は事業のために契約の当事者となる場合におけるものを除く。）をいうものとされ（消費者契約法2条1項），消費者契約法の規制の対象となる契約は，消費者と事業者との間で締結される契約（同法2条3項）となります。

　消費者契約法においては，事業者・消費者間の情報の格差，交渉力の構造的な格差があることから，事業者の損害賠償の責任を免除する条項（同法8条），消費者の解除権を放棄させる条項等の無効（同法8条の2），消費者が支払う損害賠償の額を予定する条項等（同法9条），消費者の利益を一方的に害する条項（同法10条）[7]を無効としています。

6）「民法（債権関係）部会資料86-2：民法（債権関係）の改正に関する要綱案の原案（その2）補充説明」4頁においては，消費者契約法10条と改正民法の関係について，改正民法の条項については「定型約款の特殊性を踏まえた判断がされることになるため，結論に違いが生ずることがあり得ると考えられる。」，改正民法の規定では「「（取引）の実情」や「取引上の社会通念」を考慮することとされているが，これは信義則に反するかどうかを判断するに当たっては，当該条項そのもののみならず，取引全体に関わる事情を取引通念に照らして広く考慮することとするものであり，当該条項そのものでは相手方にとって不利であっても，取引全体を見ればその不利益を補うような定めがあるのであれば全体としては信義則に違反しないと解されることになる。そして，このような考慮事由が定められていることから，消費者と事業者との間の格差に鑑みて不当な条項を規制しようとする消費者契約法10条とは，趣旨を異にすることが明らかになっている」との指摘がされています。

7）消費者契約法10条（消費者の利益を一方的に害する条項の無効）
　　消費者の不作為をもって当該消費者が新たな消費者契約の申込み又はその承諾の意思表示をしたものとみなす条項その他の法令中の公の秩序に関しない規定の適用による場合に比して消費者の権利を制限し又は消費者の義務を加重する消費者契約の条項であって，民法第1条第2項に規定する基本原則に反して消費者の利益を一方的に害するものは，無効とする。

　本書で取り扱うデジタル遺産に近い分野という意味でのインターネット関連の事例として，ゲーム運営会社の利用規約について，適格消費者団体[8]がその利用規約の使用差止を求める訴訟を提起した事例[9]などが参考となります。当該事例では，事業者の損害賠償責任の制限を規定する規約等について消費者契約法8条1項1号・3号などへの抵触の有無が問題とされています。

　現状のところ，インターネット上の各サービスに関する規約の相続の場面での問題について，裁判例等紛争に関する目立った事例がさほど存在していないのは，インターネットサービスを利用する，特に収益を上げる等の経済的側面で深く利用するユーザーの年齢層が若年であること，また，大多数と思われるユーザーのそれら経済的利益が少額である等の理由もあるのではないかと考えています。

　経済的利益が少額であるとは，例えば，アフィリエイト広告に関していえば，相続の場面において無視できないほど広告収入を得ているユーザーは少数であると思われること，あるいはプリペイド方式の電子マネーでいえばチャージ上限額が比較的低額であることなどを想定していますが，今後はこれら経済的利益の増大に伴い，既存の規約等についても各種紛争の発生があり得るものと考えられます。

　本書のテーマであるデジタル遺産が関連する場面において問題となる可能性がある規約条項としては，消費者契約法8条，9条に違反する条

項のほか，利用者・消費者の権利を相続のタイミングで一方的にはく奪するような規約などが考えられるところではないでしょうか。

　その他，専属的合意管轄に関する規約については，IT関連分野のみならず様々な分野において裁判等でも争われています。専属的合意管轄条項とされる条項についても，個別具体的事情から無効等と判断される可能性があるところです。デジタル遺産との関連でいえば，例えば，クラウドサービス等日本国外の企業の提供するサービスも存在することから，その意味で問題となり得るところと考えられます。

4　消費者契約法の対象外の規約

　消費者契約法の対象外の規約については，本書ではデジタル遺産，すなわち相続の場面であることを前提とすれば，個人が事業として又は事業のために契約の当事者となる場合が想定されます。

　消費者契約法の対象以外の契約についても，契約自由の原則が修正される一定の可能性は存在します。

　公序良俗違反・信義則違反による無効（民法90条，1条2項）や直接的に契約条項の無効を宣言しないまでも訴訟における個別具体的な適用の制限[10]等により，規約条項の無効，適用の排除の可能性もあります。また，前述の改正民法548条の2第2項の規定は，消費者・事業者間の契約に限定していません。したがって，やはりサービス提供企業としては，不合理な条項の規定は避けるべきであると考えられます。

　以上のとおり，合理的範囲を超えて一方的に有利な条項等規定したとしても条項が無効となる可能性や適用除外等の可能性があることからすれば，そのような規定をすることを避けることが，不測の紛争や無効認

---

10)　一方当事者に片面的に有利な契約条項について，適用場面を限定し，一部適用を制限した事例として知財高判平成26年4月23日判時2244号93頁など。

定の発生の回避につながり，また，企業イメージ等のレピュテーション
の側面も含め望ましいところではないかと考えられます。

46　専属的合意裁判管轄の規約規定の効力

　　デジタル遺産に関連したユーザーからの訴訟の提起の可能
性もあると思いますが，そのような訴訟に備えて規約におい
て専属的合意裁判管轄を規定することで，不測の場所での訴
訟を回避することは可能でしょうか？

Answer

　　日本国内の裁判管轄の問題については，原則としては適切に契
約に組み入れられた当該サービス規約に管轄合意条項があれば，
それに従うこととなると考えられますが，当該合意管轄条項が著
しく不合理であり，ユーザーに一方的に不利益を課す等の内容で
ある場合には，民法上の公序良俗規定や消費者契約法10条の規
定により，その効力が否定される可能性があると考えられます。

　　国際的な裁判管轄の問題については，日本の民事訴訟法におい
て消費者保護の観点から国際的な裁判管轄の合意の効力に制限が
あることと同様，各国においても消費者保護のための強行法規や，
あるいは別の観点からの強行法規が存在することは十分に想定さ
れ，日本のコンテンツサービス提供企業のサービスについて，規
約上日本国内の裁判所を指定する専属的合意管轄が存在するとき，
国外居住のユーザーが国外において訴訟を提起したという場合に
おいても，当該国家の強行法規に基づき，当該国家の裁判所にお
いて管轄権が認められる可能性があると考えられます。

　　実務的な対応としては，合意管轄規定を置きつつも，日本国内
法，各国法によりその効力が否定されるリスクも意識しつつ運用
を行う，あるいは特にサービスを展開する国が限定的である場合

には当該各国家の法律に合わせる規定等が検討され得るところと考えられます。

解　説

特定の事件について職分管轄（人事訴訟については家庭裁判所が担当となる等の問題）・事物管轄（訴訟の目的の価額に応じて簡易裁判所の管轄となるか地方裁判所の管轄となるか等の問題）を有する裁判所が複数ある場合に，どの土地の裁判所が当該事件を担当するかという問題で，ある土地管轄について，契約当事者間において合意することができるものとされています（合意管轄[1]民事訴訟法11条）。この管轄の合意には，専属的な管轄の合意と非専属的（付加的）な管轄と合意があります。不測の土地での訴訟の発生を回避するという目的からは，その他裁判所の管轄を排除する意図である専属的な管轄の合意を規定することになるでしょう。他方で，非専属的（付加的）な管轄の合意では，その他法により認められる管轄権のある裁判所における訴訟を排除するものではありません。

なお，管轄の合意がない場合には，被告の住所地を管轄する裁判所が管轄権を有することを原則として（普通裁判籍。同法4条），財産権上の訴えについては義務履行地の裁判所が管轄権を有する（同法5条1号）等とされます。

以上から，不測の土地での訴訟の発生を防止するという観点からは，規約において専属的な管轄の合意を規定することとなろうかと思われますが，以下説明するとおり，当該合意については，民法（公序良俗違反等），消費者契約法，あるいは各国の強行法規によりその効力が否定される可能性があります。**Q45**で説明したとおり改正民法による規約の修正の可能性についても，注意が必要です。

1）その他，合意は，第一審に限り，一定の法律関係に基づく訴えに関する必要がある，といった条件があります（民事訴訟法11条1項・2項）。

1 国内間の裁判管轄の問題

　コンテンツサービス提供企業が日本法人で日本に所在し，ユーザーも日本居住者である場合においては，原則としては適切に契約に組み入れられた当該サービス規約に管轄合意条項があれば，それに従うことになると考えられますが，当該合意管轄条項が著しく不合理であり，ユーザーに一方的に不利益を課す等の内容である場合には，民法上の公序良俗規定や消費者契約法10条の規定によりその効力が否定される可能性があると考えられます。なお，消費者契約法の適用については，ユーザーが個人（事業として又は事業のために契約の当事者となる場合におけるものを除きます。）である場合となります。

　管轄合意の効力が争われた裁判例としても，管轄合意について消費者契約法10条により無効としたもの[2]，合意自体は有効としたものの専属的合意管轄の対象となる紛争を限定したもの[3] 等があります。

　管轄合意が無効と判断されることとなれば，義務履行地として原告（ユーザー）住所地の裁判所での訴訟等が認められることとなります。

2 国際的な裁判管轄の問題

　次に，コンテンツサービス提供企業が国外法人で国外に所在する場合など国際的な裁判管轄の問題についてですが，本Qを検討する前提として，Q19で検討したように，まずは，国外のコンテンツサービス提供企業のサービスについて，規約上は国外の裁判所に専属的合意管轄が存在するとき，日本居住の一般個人ユーザー（ここでは，民事訴訟法３条の４の「消費者」であることを前提に検討します。）が日本において訴訟を提起

2）盛岡地裁遠野支決平成17年６月24日（公刊物未登載）。
3）松山地裁西条支決平成18年４月14日（公刊物未登載）。

したいという場合を考えてみます。

　仮に日本の裁判所が国外の裁判所を指定する専属的合意管轄という内容に拘束されるとすれば，当該ユーザーが日本の裁判所に訴訟を提起したとしても，当該訴えは却下されることになりそうです。

　ここで，民事訴訟法3条の7第5項[4]をみると，消費者契約[5]に関する国際裁判管轄については特別な規定が存在し，消費者契約に関する国際裁判管轄の合意は，①消費者契約の締結の時において消費者が住所を有していた国の裁判所に訴えを提起することができる旨の合意である場合（同項1号），及び②消費者が当該合意に基づき合意された国の裁判所に訴えを提起したとき，又は事業者が日本若しくは外国の裁判所に訴えを提起した場合において，消費者が当該合意を援用した場合（同項2号）にのみ有効とされています。

　したがって，検討の事例において，当該ユーザーが当該サービス利用開始の時点においても日本に居住していた場合には，国外の裁判所を指

4）民事訴訟法3条の7第5項
　　将来において生ずる消費者契約に関する紛争を対象とする第1項の合意は，次に掲げる場合に限り，その効力を有する。
　　一　消費者契約の締結の時において消費者が住所を有していた国の裁判所に訴えを提起することができる旨の合意（その国の裁判所にのみ訴えを提起することができる旨の合意については，次号に掲げる場合を除き，その国以外の国の裁判所にも訴えを提起することを妨げない旨の合意とみなす。）であるとき。
　　二　消費者が当該合意に基づき合意された国の裁判所に訴えを提起したとき，又は事業者が日本若しくは外国の裁判所に訴えを提起した場合において，消費者が当該合意を援用したとき。
5）「消費者契約」の定義については，民事訴訟法3条の4に定義があり，本Qにおいても，一般個人ユーザーは当該消費者に該当することを前提に検討しています。
　民事訴訟法3条の4
　　消費者（個人（事業として又は事業のために契約の当事者となる場合におけるものを除く。）をいう。以下同じ。）と事業者（法人その他の社団又は財団及び事業として又は事業のために契約の当事者となる場合における個人をいう。以下同じ。）との間で締結される契約（労働契約を除く。以下「消費者契約」という。）に関する消費者からの事業者に対する訴えは，訴えの提起の時又は消費者契約の締結の時における消費者の住所が日本国内にあるときは，日本の裁判所に提起することができる。

定する専属的合意管轄の規約が存在したとしても，当該合意条項の効力
は否定され，民事訴訟法3条の4又は3条の3第5号[6]を根拠として日
本の裁判所での訴訟提起が可能となると考えられます。

　民事訴訟法3条の4は，消費者と事業者との間で締結される契約に関
する消費者からの事業者に対する訴えは，訴えの提起の時又は消費者契
約の締結の時における消費者の住所が日本国内にあるときは，日本の裁
判所に訴訟を提起することができるとするものです。

　民事訴訟法3条の3は，外国会社を含めた日本において事業を行う者
に対する訴えで，当該訴えがその者の日本における業務に関するもので
ある場合には，日本の裁判所に訴訟を提起することができるとするもの
で，日本語のコンテンツサービスで日本国内のユーザーに向けたサービ
スであれば「日本において事業を行う」といえるものと考えられます。

　ここまでは，国外のコンテンツサービス提供企業のサービスについて，
規約上は国外の裁判所に合意管轄が存在するとき，日本居住の一般個人
ユーザーが日本において訴訟を提起したいという場合における，日本法
による結論を検討してきました。

　そして，これは裏を返せば，各国においても消費者保護のための強行
法規や，あるいは別の観点からの強行法規が存在することは十分に想定
されるということになりますので，日本のコンテンツサービス提供企業
のサービスについて，規約上日本国内の裁判所を指定する専属的合意管

6）民事訴訟法3条の3
　　次の各号に掲げる訴えは，それぞれ当該各号に定めるときは，日本の裁判所に
　提起することができる。
　1号～4号（略）
　5号

| 五　日本において事業を行う者（日本において取引を継続してする外国会社（会社法（平成17年法律第86号）第2条第2号に規定する外国会社をいう。）を含む。）に対する訴え | 当該訴えがその者の日本における業務に関するものであるとき。 |

轄が存在するとき，国外居住のユーザーが国外において訴訟を提起したという場合において，当該国家の強行法規に基づき，当該国家の裁判所において管轄権が認められる可能性があるということでもあります。

　日本法では消費者保護という観点からの修正でしたが，各国法においては，消費者保護の観点のみならず，そのほかの観点からの修正などもあり得るかもしれません。

　以上から，当該サービスに関連する紛争について日本国内の特定の裁判所が専属的な管轄を有するとの規約を規定したとしても，各国の強行法規の内容次第では，その効力が否定される可能性があることには注意が必要となります。

　実務的観点から規約上どのような規定にすべきか，という点については，あるコンテンツサービスの利用規約においては，各国に応じた非常に詳細な管轄合意規定を置くものも見られますが[7]　インターネット上のコンテンツサービスについては全世界からの利用も想定され，それら全国家の法律を調査するには非常に大きな費用・期間を要するものと考えられ，さらに，規約策定時の調査のみならず，各国法のアップデートを逐一調査するとなるとさらに莫大な費用がかかることが想定され，一般的には，各国ごとの詳細な規定を置くことは難しいと考えられます。

　実務的な対応としては，合意管轄規定を置きつつ[8]　も，日本国内法，各国法によりその効力が否定されるリスクも意識しつつ運用を行う，あるいは特にサービスを展開する国が限定的である場合には当該各国家の法律に合わせる規定等が検討され得るところではないでしょうか。

7）Spotify 利用規約（有効日　2019年2月13日）
　　https://www.spotify.com/jp/legal/end-user-agreement/#s24
8）上記は消費者契約を想定していましたが，事業者間の専属的管轄合意については一定の効果が期待できるかもしれません。もっとも，各国法の考え方が，必ずしも消費者保護の観点からの法規定の制定とは限りませんので，一定の効果の有無は不透明ではあります。

著者紹介

北川　祥一

北川綜合法律事務所・代表弁護士

東京大学法学部卒業，2007年に弁護士登録（第一東京弁護士会所属）。

弁護士登録後，国際企業法務を得意とする法律事務所（当時名称：曾我・瓜生・糸賀法律事務所）に勤務し，大手企業をクライアントとする案件を中心に各種国内企業法務・国際企業法務を数多く取り扱う。

独立開業後は，中国・台湾等を中心としたアジア地域の国際ビジネス案件対応を強みの一つとし，国内企業法務，法律顧問業務及び一般民事案件等を幅広くサポート。

また，IT関連法務分野，デジタルデータに関する最新の証拠収集技法等最先端分野にも注力し，『アジア国際法務×IT法務』は非常に特徴的な取扱い分野となっている。

〈主な活動〉

第一東京弁護士会 総合法律研究所 IT法研究部会委員

特定非営利活動法人 デジタル・フォレンジック研究会 正会員

〈主な著書・講演〉

・『デジタル法務の実務Q&A』（日本加除出版，2018年）（編集・共著）
・「IT時代の紛争管理・労務管理と予防」（2017年・講演）
・「IT時代の紛争の解決と予防～デジタルデータ調査 "デジタルフォレンジック"を利用した紛争解決・予防～」（2016年・講演）
・ほか「中国ビジネスにおける契約締結の基礎セミナー」（講演）など

デジタル遺産の法律実務Q&A

2020年1月30日　初版発行

著　者　北　川　祥　一

発行者　和　田　　　裕

発行所　日本加除出版株式会社
本　　社　郵便番号 171-8516
東京都豊島区南長崎 3 丁目16番 6 号
ＴＥＬ（03）3953 - 5757（代表）
（03）3952 - 5759（編集）
ＦＡＸ（03）3953 - 5772
ＵＲＬ　www.kajo.co.jp
営 業 部　郵便番号 171-8516
東京都豊島区南長崎 3 丁目16番 6 号
ＴＥＬ（03）3953 - 5642
ＦＡＸ（03）3953 - 2061

組版 ㈱郁文 ／ 印刷 ㈱精興社 ／ 製本 牧製本印刷㈱

リーガルテック株式会社
an AOS company

フォレンジック調査　デジタルフォレンジックサービス

リーガルテック社では、高度なセキュリティを誇るフォレンジック・ラボを社内に構築しており、各種の専門ツールを用いて解析調査を行います。1999 年から警察・検察などの捜査機関の依頼に基づき、数多くの実績をあげております。20 年近く法執行機関向けへ最先端のフォレンジックツール提供もしており、数々の解決困難とされた事件の証拠データの抽出にも成功しています。2015 年には経済産業大臣賞を受賞。あらゆるデジタルデータを解析、抽出し、法廷提出用レポートを作成します。

🔍 調査媒体　・パソコン・外付け HDD・サーバ・USB / SD・スマホ・ガラケー・ドライブレコーダー・防犯カメラ

サービスの流れ

1. ご相談	2. お申し込み	3. 証拠保全	4. 証拠調査	5. 調査報告
調査対象と内容の確認	必要書類の準備ご来社	調査対象を物理コピー	コピーデータを解析	鑑定書付きで証拠データを提出

■パターンロック解除

独自技術でパターンロックを解明します。ご要望に応じて、データ抽出、通常データの可視化も致します。

■暗証番号・PINロック

解除不能な状況から LINE、メール、発着信、画像等のデータを抽出し、エクセルに展開し、ご提供致します。

次世代法律検索エンジン　LegalSearch

リーガルテック社の次世代法律検索エンジン LegalSearch.jp は、PDF などの非定型データを変換して RDB ベースで不十分な全文検索とキーワード部分検索を可能にし、AI 活用にもっとも適した検索機能を実現しました。膨大な法律データを XML ベースのデータ加工技術により、高速検索が可能な次世代エンジンを構築。XML を採用したことで、既存のシステムと比べてコストは数十分の一から数百分の一程度で済み、検索スピードも 1000 回テストの平均応答時間で約 20 倍という高速処理が可能です。

日本社会の法律の大衆化

LegalSearch.jp はスマートフォンで、簡単に法律検索ができます。事件名を音声入力するだけでも簡単に裁判の結果を見ることができます。

「リーガルサーチ」でアプリを検索してください。

2018年ミス東大

お問い合わせ
リーガルテック株式会社

〒105-0001 東京都港区虎ノ門 5-13-1 虎ノ門 40MT ビル 4F
TEL　03-5733-5790（平日 9:00〜18:00）　|　FAX　03-5733-7012
E-mail　fss@aos.com　|　www.legaltech.co.jp